»Wenn die Kinder klein sind, gib ihnen Wurzeln. Wenn sie groß sind, gib ihnen Flügel.«

Alice Thinschmidt
Daniel Böswirth

Kreativ-Werkstatt Natur

Spannendes für Kinder rund ums Jahr

av BUCH

Frühlingslabor 6

Sommerbaustelle 30

Herbstwerkstatt 52

Winteratelier 76

Frühlingslabor

Aufbrechende Knospen, sprießende Blätter und eine Fülle farbenfroher Blüten. Über Nacht hat sich der zuvor leere Garten in eine verlockende Werkstatt voller interessanter Materialien verwandelt. Gesichter säen, Blüten kandieren, Pfeifchen schnitzen oder Blumenkränze binden: In der wärmenden Frühlingssonne macht das Basteln einfach Spaß.

Allerlei ums Knospen-Ei

Ein Schauspiel der besonderen Art: von der Knospe bis zum fertigen Blatt (Linde).

Erst sind die Sträucher noch ganz kahl – und dann geht alles blitzschnell. Jedes Frühjahr ist bei Laubbäumen und Sträuchern ein besonderes Schauspiel zu beobachten: Innerhalb weniger Tage platzen und springen bei warmer Witterung die Knospen auf. Wie durch ein Wunder oder durch einen mächtigen Zauberspruch legt der Wald sein hellgrünes Gewand an. Das geht so rasant, dass es sich am besten zu Hause beobachten lässt. Hierfür eignen sich besonders Rosskastanien mit ihren großen Knospen, die in einer Vase noch dazu gut aussehen. Halten Sie in regelmäßigen Abständen von etwa einem halben Tag die Veränderungen mit einer kleinen Zeichnung oder einem Foto fest. Während sich zunächst noch recht wenig tut, schwellen die Knospen der Rosskastanie nach einiger Zeit zu einem dicken, klebrigen Ei an. Wenn sie ganz aufbrechen, entfalten sich die anfangs wolligen Blätter spektakulär zu den allseits bekannten Blatthänden.

Durchschnitten und durchschaut

Mit einem Taschenmesser lassen sich Knospen leicht aufschneiden, und für das nähere Betrachten sollte eine Lupe reichen. Wie bei einer Küchenzwiebel zeigen sich viele Schichten. Noch sind die einzelnen „Lagen", aus denen sich einmal die Blätter entwickeln, winzig klein. Doch sobald das warme Frühlingswetter einsetzt, geht es los. Die Knospen platzen, die Deckschuppen fallen ab und Blatt für Blatt entfaltet und streckt sich wie ein kleiner Fächer. Besonders interessant sind die Endknospen an den Triebspitzen der Zweige. Ob Flieder oder Kastanie, an dieser Stelle lassen sich die kleinen Blütenanlagen studieren, aus denen sich später einmal die herrlich duftenden Blüten entwickeln. Das Faszinierende an den Blätterkinderstuben der Knospen ist die sparsame und effiziente Verpackung. Kein Platz wird verschwendet. Blüten wie Blätter wurden deswegen schon im Vorjahr in den Knospenrucksack eingepackt.

Blumenmuster aus Eschen- und Eichenknospen.

Knospendruck

Mit aufgeschnittenen Knospen lassen sich auch schöne Bilder und Karten stempeln. Dafür benötigen Sie verschiedene feste Knospen aus dem Wald oder Garten. Sehr gut geeignet sind Esche, Eiche und Rosskastanie. Die Knospen werden zunächst quer durchgeschnitten, dann mit Wasserfarbe bepinselt oder in ein Stempelkissen gedrückt. Der Zweig dient zugleich als Haltegriff. Sehr schön lassen sich runde, blumenähnliche Muster und fantasievolle Ornamente stempeln. Mit der Zeit werden die Knospen durch das Stempeln weich und verlieren ihre schönen Linien, sodass sie erneut angeschnitten werden müssen.

Lust am Probieren

Bevor Kinder Karten drucken und verzieren, sollten sie vorher Gelegenheit haben mit allen Knospen zu experimentieren. Am besten wird auf einem Blatt Papier einmal ausprobiert, aus welchen Knospen ein besonders schönes Muster entsteht. Soll es gleichmäßig rund gestaltet werden, dann hilft ein Zirkel. Die feinen Hilfslinien radieren Sie später einfach wieder weg.

Woher kommt der Duft?

Unter den Frühlingsboten im Garten gibt es viele, die herrlich duften. Auch beim näheren Betrachten und Schnuppern lässt sich oft nicht sagen, welcher Teil der Blüte denn nun duftet. Ein rotes Wässerchen gibt Aufschluss darüber, woher die angenehmen Gerüche kommen. Zwei, drei Narzissen oder Hyazinthen braucht man für diesen Versuch. Als Ersatz bietet sich das Duftgeißblatt an, das bereits im winterlichen Garten seine Blüten öffnet. Den Farbstoff Neutralrot erhalten Sie im Laborchemikalienhandel. Fertig angesetzte Neutralrot-Lösung ist praktisch und einfach in ihrer Handhabung. Wenn Sie die Lösung nicht bekommen sollten, können Sie auch eine Stammlösung mit 0,1 bis 0,2 g Neutralrot-Pulver in 100 ml destilliertem Wasser selbst ansetzen. Für den Versuch werden 10 ml dieser Lösung mit Wasser auf 100 ml verdünnt. Blüten wie Lösung kommen in ein verschließbares Glas (z. B. ein Gurkenglas) und bleiben über Nacht stehen.

Wundersame Färbung

Bei Narzissen färben sich nur die Nebenkronen, die Trompeten genannt werden, rot ein, bei der Hyazinthe lediglich die Blütenblattzipfel. Der Duft der Blüten wird in abgegrenzten Duftdrüsen oder größeren Duftfeldern produziert. In diesen Bereichen ist der Wachsüberzug, der die oberste Zellschicht schützt, sehr dünn, damit hier die Duftöle gut verdunsten können. Der Farbstoff kann deshalb leicht eindringen und färbt nur all jene Stellen rot ein, wo Duftfelder vorhanden sind. Neutralrot schädigt im Gegensatz zu anderen Farbstoffen die Pflanzenzellen nicht, die wundersam gefärbten Blüten behalten daher ihre Frische und Form. Testen Sie auch andere Blüten wie Schneeglöckchen oder Frühlingsknotenblumen. Sie werden staunen, wo sich überall Duftfelder verstecken.

Rosaroter Panther im Blumenbeet

Bei so manchen Blüten finden zauberhafte Farbenspiele statt. So fällt beim Natternkopf und beim Lungenkraut auf, dass sich zwischen die hauptsächlich blauen Blüten rosafarbene schummeln. Wer hat sie umgefärbt? Auch bei Frühlingsplatterbsen macht sich beim Verblühen ein blauer Farbumschlag bemerkbar. Andere Pflanzen, wie der Blaurote Steinsame, scheinen sich nicht richtig für eine Blütenfarbe entscheiden zu können, was sich bei ihm schon im seltsamen Namen ausdrückt. Einige einfache Experimente, und der Fall ist geklärt!

Rote Dufttrompete aus gelbem Märzenbecher.

Aus Blau wird Rosa

Ein kleines Gläschen mit verdünntem Essig aus dem Küchenschrank oder der Saft einer Zitrone, dazu ein Sträußchen der schönen blauen Vergissmeinnichtblüten – und schon kann es losgehen. Natürlich können für das Experiment auch andere blaue Blüten wie Stiefmütterchen, Borretsch, Leberblümchen oder die großen Prunkwinden verwendet werden. Bei einem Rundgang im Garten wandert einfach alles Blaublütige in einen Korb. Nach dem Eintauchen der Blüten in die beißende Säure gibt es bei vielen nach kurzer Zeit einen Farbumschlag von blau nach rosa.

Waschpulver macht's wieder gut

Einige Tropfen Geschirrspülmittel oder ein paar Körnchen Waschpulver in Leitungswasser gemengt, und die darin eingetauchten Blüten wechseln ihre Farbe wieder von rosa nach blau. Natürlich dürfen sie noch nicht zu stark unter dem Säurebad gelitten haben, denn der Vorgang ist nicht unbegrenzt wiederholbar. Außerdem sind manche Blüten mit einer dickeren Wachsschicht überzogen, sodass sie Säure wie Lauge nur schlecht aufnehmen. Andere haben einfach einen anderen Farbstoff im „Blut" und reagieren weder auf Säure noch auf Lauge – ihre Farbe schlägt nicht um.

Mutprobe mit Blümchen

Wie aus einem Leberblümchen ein Rosablümchen wird? Ganz einfach! An einem warmen, sonnigen Frühlingstag ist die beste Zeit, um sich nach den Zutaten für das nächste Experiment umzusehen. Bei einem Spaziergang durch den Wald stehen die Chancen für Leberblümchen und Ameisenhaufen am besten. Beim näheren Betrachten des quirligen, krabbelnden Hügels sind die schwarzen Eingänge und ihre sechsbeinigen Wächter gut sichtbar. Ein mehrmaliges, kurzes Hintupfen mit einem Leberblümchen wird als Angriff gewertet. Die anfänglich kleinen rosa Punkte auf der blauen Blüte färben sie bald ganz um. Die Verwandlung ist perfekt. Nach dem Motto – Angriff ist die beste Verteidigung – spritzen die Ameisen den vermeintlichen Eindringlingen eine Flüssigkeit entgegen. Ein vorsichtiges Schnuppern am Rosablümchen ist der beste Beweis: Es riecht stechend nach Ameisensäure. Natürlich belassen wir es dabei und stören die Ameisen nicht mehr als nötig.

Erröten und versauern

Wer gibt den Blüten in der Natur Saures? Während der Zellsaft in den Blütenzellen beim Aufblühen noch sauer ist, verändern sich seine Inhaltsstoffe im Lauf der Zeit und werden allmählich alkalisch. Mit dem pH-Wert wechselt auch die Farbe von rosa nach blau. Der Farbstoff in den Blüten reagiert ähnlich wie ein Säureindikator, zum Beispiel Lackmus.

Hilfe für Kurzsichtige

Auch Insekten wissen die Farb-Zeichen zu deuten und erkennen genau, welche Blüten bald abfallen oder verwelken werden. Bienen fliegen Tausende von Blüten an. Ein mühsames Unterfangen, wenn jede zweite von Nektar oder Pollen schon leer geräumt wurde. Pflanzen haben ihrerseits großes Interesse daran, von den Brummern besucht und bestäubt zu werden. So bieten manche Arten mehr Service an als andere, um gut im Bestäubungsgeschäft zu bleiben. Die rosa Blüten beim Lungenkraut signalisieren: Ich bin noch frisch und zu haben. Insekten wissen Farb-Zeichen zu deuten und erkennen genau, welche Blüten bald abfallen oder verwelken werden.

Nur für Weicheier

Ein Frühlingsritual: das Schmücken des Osterstraußes.

Der Star unter den pelzigen, kuscheligen Pflanzen ist wohl das Palmkätzchen. Kinder lieben weiche, flauschige Dinge. Das Arbeiten mit den kleinen, grauen „Mäuschen" gleicht einem einzigen Streichelvergnügen. Auch ein mit ihnen fertig beklebtes, weiches Ei ist an sinnlichem Vergnügen für große und kleine Hände kaum zu überbieten. Nachdem daher ein häufiger „Gebrauch" vorauszusehen ist, sollten Sie beim Kleben sehr sorgfältig vorgehen und kleinere Kinder dabei unterstützen.

Weidenkätzchen pflanzen

Warum nicht schon rechtzeitig ein Bäumchen im eigenen Garten pflanzen? Zur Geburt eines Kindes gesetzt, haben Sie genug Palmkätzchen, wenn die Sprösslinge im besten Oster-Alter sind. Weiden lassen sich leicht als Kopfweiden erziehen: In passender, bequemer Höhe werden die Bäumchen Jahr für Jahr geschnitten. Sie treiben darauf wieder lange, einjährige Triebe, die fürs nächste Osterfest die besten und schönsten Palmkätzchen tragen werden.

Bienenweide

Die Salweide gehört zu den ersten Blühern des Jahres. Das macht sie nach einem langen Winter zu einer wichtigen Futterquelle für Insekten, allen voran für die Bienen. Wer viele Zweige für den Osterstrauch oder große Mengen der flauschigen Kätzchen für Basteleien braucht, sollte sie deswegen nicht einfach aus der Natur entnehmen.

Kuschel-Ei

Ist ein genügend großer Vorrat an Palmkätzchen gesammelt, fehlt nur noch Klebstoff und eine Unterlage zum Bekleben. Wir verwenden Styropor-Eier und eine Klebepistole, bei kleineren Kindern ist Heißkleber aber mit Vorsicht zu gebrauchen. Spezielle Styroporkleber sind da die bessere Wahl. Manche kleben die Kätzchen in Reih und Glied, andere lieben das Chaos und bedecken ohne jede Struktur die Oberfläche. Wichtig ist nur, dass die Kätzchen möglichst dicht aneinander liegen und alle Kleberspuren überdecken. Es müssen natürlich keine Ostereier sein. Kugeln, Würfel, Kränze oder jede andere denkbare Form und jedes zum Bekleben geeignete Material sind möglich. Eine Schlaufe zum Aufhängen sichert jedenfalls den hübschen Dingen einen sicheren Platz am Osterstrauch.

Gut zu wissen!

Von der Salweide gibt es, da sie eine zweihäusige Pflanze ist, weibliche und männliche Individuen. Die begehrten, grauen Kätzchen sind die Blüten der männlichen Sträucher oder Bäume, deren leuchtend gelbe Staubgefäße dekorativ aus dem Pelz hervorragen, wenn die Weide blüht. Beliebt sind auch veredelte Sorten mit ganz besonders großen Kätzchen.

Weichei zum Kuscheln.

Natürlich gelegt, natürlich gefärbt

Ostern bietet eine ideale Gelegenheit, um mit Farben zu experimentieren. Die Neugier auf den Farbton der Eier, die da in dem alten Topf herumrollen, ist wie jedes Jahr groß. Geht es schon? Sollen wir sie noch drinnen lassen? Färben ist eben eine spannende Sache. Warum aber nicht auch einmal die bekannten bunten Kunstfarben liegen lassen und mit Naturfarben arbeiten? Schön dabei ist auch, dass man dafür viele Zutaten im Garten oder in der Küche findet: Zwiebeln, Kurkuma, Matetee, Walnüsse oder getrocknete (tiefgefrorene) Heidelbeeren. Um die Lichtechtheit, die beim Färben von Wolle oder Textilien so eine wichtige Rolle spielt, muss man sich ja bei Ostereiern keine Sorgen machen – in ein paar Tagen sind alle Eier verspeist. Sollen aber ausgeblasene Eier auch noch für das nächste Osterfest verwendet werden, müssen sie dunkel gelagert werden, damit die Farben schön bleiben.

Gelb

Gelbgewürz ist als Kurkuma aus der Küche bekannt, und jeder Supermarkt führt das gelbe Pulver im Gewürzregal. Es färbt so intensiv, dass bereits Kaltfärbungen ein sattes, schönes Gelb ergeben. Wir lösen aber etwa 100 g in 1 l Wasser auf und lassen alles eine Viertelstunde köcheln. In diesem Farbsud werden die weißen Eier dann ohne Essigbeigabe hart gekocht.

Grün

Ein schönes Olivgrün gelingt mit kaltem Matetee. Gekochter Spinat färbt ebenfalls gut. Experimentieren

Farben zum Leuchten bringen

Auf weißschaligen Eiern wirken die Farben intensiver und leuchtender, für Rot- und Brauntöne sind auch braune Schalen gut geeignet. Für beide gilt: Vorab mit Essig gereinigt, nehmen sie die Farben besser auf. Ein Schuss Essig ins Kochwasser oder in den Färbetopf dient dem gleichen Zweck. Zu bedenken ist aber, dass Essig bei manchen Farben auch den Ton verändert oder aufhellt – so wird Rotkrautsaft rot statt blau und Rotholz zum Beispiel schlägt ins Orangegelb um. Auch eine Messerspitze Alaun erhöht die Farbintensität.

Naturfarben sind einfach schön.

Natur aufs Ei

Es gibt viele Pflanzen für österliche Farbexperimente:
Grün: Matetee, Spinat, Johanniskraut
Gelb: Gelbholz (Drogerie), Kurkuma, Kamillenblüten, Birkenblätter, Safran
Rot: Rotholz, Krappwurzel (beide aus der Drogerie), Malvenblüten, Rotkohl
Lila: Blauholz (Drogerie), getrocknete Heidelbeeren (einweichen)
Orange: Karotten
Braun: Zwiebelschalen, Walnussblätter, Kaffee

lässt sich natürlich mit allen möglichen Pflanzen, wobei nicht jedes grüne Blatt auch grün färbt! Kein Problem für Kinder, denen das Ausprobieren großen Spaß macht. Die Farbwirkung lässt sich an kleinen Stofffetzen testen, damit die Enttäuschung – und die Zahl der verbrauchten Eier – nicht zu groß ist.

Braun

Bereits einige Zeit vor Ostern beginnen die Vorbereitungen, indem wir braune oder rote, trockene Zwiebelschalen sammeln. Einen Tag vor dem großen Färben werden diese Schalen in Wasser eingeweicht und anderntags eine Stunde ausgekocht. Grundsätzlich gilt: Je heißer die Zwiebelfarbe ist, desto schneller nehmen die Eier die Farbe an. Im erkalteten Sud dauert es mehr als 30 Minuten, bis die Eier sich intensiv rostrot färben.

Gelb, Rot und Blau: Holz färbt!

Einige tropische Bäume haben intensiv färbendes Holz. Der Farbsud wird gewonnen, indem man ca. 25 g oder eine gute Handvoll Holzspäne von Rot-, Gelb- oder Blauholz über Nacht in 1,5 l Wasser einweicht, am Färbetag mindestens eine halbe Stunde lang auskocht und dann abseiht. Kaltfärbungen ohne Abkochen der Holzspäne ergaben bei unseren Versuchen zu blasse Farben.

Überraschungsei

Die Farbe zeigt sich natürlich nur dort, wo sie auch an die Eierschale gelangt. Abgedeckte Stellen bleiben nach dem Färbebad ungefärbt. Zarte Blättchen aus dem Frühlingsgarten oder kleine Blüten müssen aber fest ans Ei gepresst sein, damit das Batikergebnis auch wirklich schön wird. Dafür lassen sich gut alte Nylonstrumpfhosen verwenden: Ein Stück wird vorsichtig über das Ei und die Blätter gebunden.

Fest aufs Ei gepresst kommt keine Farbe an die Eierschale unter dem Blatt.

Geblümte Häupter

Die ganze Wiese voller Löwenzahnblüten, der Rasen übersät mit Gänseblümchen ... Blumen in Hülle und Fülle für einen Blütenkranz. Einen schönen, gleichmäßigen Kranz zu flechten ist beim ersten Mal gar nicht so einfach – zwei Hände scheinen da einfach viel zu wenig zu sein. Wer nicht nur weiß, wie es geht, sondern auch schon ein wenig geübt ist, hat bei Kindern einen dicken Stein im Brett.

Nach den ersten Zentimetern Zopf ist es Zeit, weitere Löwenzahnblüten in den Kranz einzuflechten.

Löwenzahn und Margerite

Dank seiner dicken, biegsamen Stängel ist das Flechten mit Löwenzahn auch für Kinderhände gar nicht so schwierig. Dasselbe gilt auch für die drahtigen, zähen Stiele der Margerite, die etwas später im Jahr folgt. Den Beginn machen drei Blüten mit möglichst langen Stängeln, die man über einige Zentimeter zu einem Zopf flicht. Nun werden immer neue Blumen dazugelegt und mit eingeflochten, wobei alle Köpfchen in eine Richtung schauen sollten. Langsam entsteht so unter den flechtenden Händen ein ziemlich festes und dichtes Blumenband, das zur Probe immer wieder um den Kopf gelegt und bei passender Länge mit dem Anfang zu einem Kranz verbunden wird.

Gänseblümchen

Obwohl sie zum Flechten zu kurz sind, kann aus Gänseblümchen ein fester und vor allem sehr gleichmäßiger Kranz entstehen. Der Trick dabei: Die Blüten werden so in den Kranz eingefügt, dass eine Blume die andere fixiert und alle Köpfchen in die gleiche Richtung schauen. Je länger die Stängel sind, desto besser.

Einen Gänseblümchenkranz flechten

So kommt Gänseblümchen um Gänseblümchen dazu: Nach einer Schlinge um den Kranz führt der Stängel hinter der Blüte vorbei, bis er parallel zu den anderen Stängeln liegt. Darauf kommt das nächste Gänseblümchen dicht neben dem vorigen und so fort.

Kette und Ring

Gänseblümchen haben nicht nur drahtige, biegsame Stiele, sie besitzen auch einen festen Blütenboden. Der lässt sich mit einer dicken Nadel oder einem dünnen Zweig durchbohren – am besten geht das von unten nach oben – und dann das Stängelchen durchschieben, sodass es oben aus dem Körbchen wieder herausschaut. Ein einzelner dieser Ringe passt auf einen Finger, eine ganze Kette ist für den Hals gedacht. Das letzte Gänseblümchen schließt das Schmuckstück.

Lorbeeren zum Ausruhen

Fehlen fürs Kinderfest noch die Lorbeeren? Ein grüner Kranz, der den Teilnehmern auf den Kopf gesetzt wird, ist eine schöne Geste. Gut dafür eignen sich alle biegsamen, langen Triebe, wie zum Beispiel Efeu oder Wein, letztere im Spätsommer vielleicht sogar mit kleinen Trauben daran. Sie werden einfach zu einem Ring in passender Kopfgröße gebogen und die Enden mit einer Schnur oder Klebestreifen verbunden, damit der Kranz nicht wieder aufgeht.

Gänseblümchenketten aus luftigen Ringen sehen raffiniert aus, sind aber gar nicht schwierig zu machen.

Blüte für Blüte wird dazugelegt und mit eingeflochten.

Wildes Wuchern am Kopf

Nicht ordentlich Blüte an Blüte im eleganten Kranz gereiht, sondern manchmal ist ein wilder Kopfschmuck gefragt. Alles, was gerade wächst, darf gebunden, gebogen und gesteckt werden: Blüten, Blätter, Federn und noch vieles mehr. Ein Ring aus Zweigen bildet das Gerüst, praktisch sind auch grob gewebte oder geflochtene Stirnbänder, in deren Löcher sich die gesammelten Schätze wunderbar stecken lassen.

Als die Farben laufen lernten

Der Garten ist wieder bunt geworden. Seine Frühlingsfarben sind wie Kleckse auf der Palette eines Malers, doch anstatt sie zusammenzumischen trennen wir sie auf. Was da so zum Vorschein kommt, wenn man den Blüten und Blättern in die Farbkarten schaut, ist nicht nur für Kinder eine Überraschung!

Zum Einstieg: vom Eindruck zum Abdruck

Wie bunt ist Ihr Garten? Welche Farben finden sich auf der Blumenwiese, am Wegrand oder auf dem Getreidefeld? Zerdrückt, zerrieben und zerquetscht hinterlassen die Blüten verschiedene Farbspuren auf einem weißen Blatt Papier. Schon die Kleinsten machen da interessante Erfahrungen: Manche Blütenblätter geben zum Beispiel eine rote Farbe, obwohl sie gelb sind – wie zum Beispiel das Johanniskraut. Andere sehen knallig und bunt aus, ergeben aber nur einen braun-grünen Klecks.

Für Fortgeschrittene: Laufmittel

Besser als beim bloßen Zerreiben auf Papier lassen sich Pflanzenfarben mit einem „Laufmittel“ (Lösungsmittel) aus den Zellen herauslocken. In fast jedem Haushalt ist dafür Aceton zur Hand, entweder in Form von Fleck- oder Nagellackentferner. Wir verwenden es zweckentfremdet als Lösungsmittel zur Farbstoffextraktion. Vorsicht: Aceton ätzt die Haut und vor allem die Schleimhäute und sollte daher nur von Erwachsenen angewendet werden. Achtung auch bei Kunststoffgefäßen oder -tischtüchern! Manche werden von Aceton angegriffen oder die Farben von Aufdrucken lösen sich auf. Wegen seiner hohen Flüchtigkeit und um die Atemwege zu schützen, sollten Sie nur im Freien, auf dem Balkon oder zumindest bei weit geöffnetem Fenster experimentieren.

Den Blüten in die Farbkarten geschaut: Bei den roten Tulpen oder den lila Iris gab's keine Überraschungen.

Erinnerungen festhalten

Jeder Garten hat seine eigene, unverwechselbare Farbigkeit. Machen Sie am besten mit Ihren Kindern übers Jahr verteilt mehrere Farbdruckbilder. Die unterschiedlichen Resultate desselben Gartens oder derselben Wiese werden alle verblüffen. Vielleicht wächst da sogar eine Farbklecks-Sammlung, versehen mit Datum und sonstigen erinnerungswürdigen Notizen? Eine andere Art, Eindrücke und Erinnerungen festzuhalten.

Pflücken und zerquetschen

Ein Spaziergang durch den Garten ist ein guter Einstieg bevor es mit dem Farbpanschen losgeht. Ins Körbchen wandert, was gerade blüht: Pfingstrosen, Apfelblüten, Flieder und Co. anschließend im Mörser zu Brei zu zerstampfen und zu zerquetschen, bereitet besonders Kindern ein großes Vergnügen. Blütenbrei für Blütenbrei kommt jeweils in ein kleines Gefäß, was jetzt noch fehlt, ist das Lösungsmittel und ein Löschpapierstreifen (15 bis 20 cm lang, maximal so breit wie das Gefäß) für jede Blütensorte. Ein paar Tropfen Aceton nehmen die aus den zerstörten Pflanzenzellen freigesetzten Farbstoffe auf.

Die Farbpalette des Frühlings!

Achtung - fertig - los!!

Das Einstellen des Löschpapiers in den Farbbrei ist der Startschuss zum Farbenrennen. Dem Aceton beim „Laufen“ über den Papierstreifen zuzuschauen ist richtig spannend: Es nimmt die Blütenfarben auf seinem Weg nach oben mit, und setzt sie je nach ihrer Löslichkeit verschieden weit ab. Manche Pigmente laufen so lange mit, bis das Aceton selbst verdunstet ist, andere bleiben schon viel früher auf der Strecke. Läuft nichts mehr, sind die bunten Streifchen fertig. Nun wird gerätselt, verglichen und gestaunt. So manche Blüte steckt voller Überraschungen und es kommen Farben zum Vorschein, von denen man nicht zu träumen gewagt hat. Auch das Blattgrün teilt sich erstaunlicherweise in zwei verschiedene Grüntöne, ein Gelb und ein Orange, auf. Andere Farben dagegen enttäuschen: viel Lärm um nichts.

Dem Geheimnis der Pflanzenfarben auf der Spur.

Blattgrün

Der grüne Farbstoff Chlorophyll überlagert gelbe und orange Farbstoffe im Blatt, sodass es im Frühling und Sommer grün erscheint. Zieht der Herbst ins Land, wird das große Chlorophyll-Molekül in seine wertvollen Bestandteile zerlegt und abtransportiert. Allmählich werden dann die darunterliegenden gelben und gelborangen Farbpigmente sichtbar – und erfreuen Groß und Klein mit ihrer leuchtenden Herbstfärbung.

Als Kresse gesät, als Gesicht geerntet.

Mit Kresse malen

Zu schade für die Ernte.

Ein Kistchen mit feinkrümeliger, schwarzer Erde wartet darauf „bemalt" zu werden. Statt Pinsel oder Stift zu verwenden, öffnen Sie dazu aber ein Päckchen mit Kressesamen. Die herauspurzelnden Samen hinterlassen Spuren, Muster und Ornamente. Die kleinen braunen Körner quellen und platzen, und in wenigen Tagen breiten sich unzählige winzige, frisch-grüne Keimblättchen aus. Mal sprießt so eine Hand, mal ein ganzes Gesicht, mal ein Delfin: wie gesät, so gemalt. Wer sich das Streuen von Figuren mit der Hand nicht zutraut, kann auch ganz einfach Schablonen verwenden.

Bilder, die wachsen

Dass dies alles recht schnell geht, kommt Kindern natürlich sehr entgegen – obwohl auch drei Tage zur Unendlichkeit werden können. Für die Kressebilder brauchen Sie eine flache, große Schale, Aussaaterde und Kressesamen. Das Saatgefäß muss unbedingt an der Unterseite Löcher für den Wasserabzug haben. Fertige Aussaaterde ist ein geeignetes Substrat, noch einmal durch ein Gartensieb geschickt, wird die Erde schön fein. Denn das Füllen der Schalen, Kistchen oder Saatgefäße mit Erde sollte gleichmäßig geschehen, mit einem Brett kann die lockere Erde etwas angedrückt werden. Jetzt können Sie mit den Kindern „malen", das heißt Augen, Nase, Mund oder eine buckelige Katze streuen. Die Figuren sollten aber nicht zu kompliziert und zu detailreich sein, im Gewirr der Keimblättchen ist so ein feines Muster mit vielen Linien und Kurven dann kaum mehr zu erkennen.

Sähilfe

Gezieltes, freihändiges Säen aus der Samenpackung bereitet Kindern Schwierigkeiten. Füllen Sie einen breiten, an einem Ende zugeklebten Trinkhalm mit Kressesamen. Kinder können ihn wie einen Stift halten und das Herausrieseln der Samen durch Quetschen leicht regulieren.

Übersieben, gießen und genießen

Für Kinder ist es spannender, wenn die Samen mit Erde leicht übersiebt werden und dann praktisch aus dem Nichts eine lustige Figur sprießt. Der beste Platz als Keimstube ist das Fensterbrett. Hier ist es warm und hell. Gießen Sie mit einer Sprühflasche (Zerstäuber), das ist zwar etwas mühsam und umständlich, dafür bleiben die Samen sicher dort, wo sie sind und werden nicht zusammen- oder auseinandergeschwemmt. Auch ein ganz vorsichtiges Gießen mit der Gießkanne und einer sehr feinen Brause ist möglich. Schon nach ein paar Tagen keimen die ersten Samen und kurz darauf wird das ganze Bild sichtbar. Gerät es aus der Form, ist es Zeit für die Ernte.

Pferde, Sternschnuppen und Glücksklee

Keksformen, fertige Zeichenschablonen oder selbst gebastelte Vorlagen aus Karton erleichtern Kindern das Säen von Formen und Figuren aus freier Hand. Die Vorlagen werden einfach auf das Saatbeet gelegt und die Figuren schön dicht mit Kressesamen ausgestreut.

Vom Duft naschen

Kandierte Blüten sind eine altmodische Süßigkeit aus Großmutters Kindertagen, die heute wieder Neugierde wecken. Es ist nicht nur eine charmante Möglichkeit, den Duft der Blüten zu konservieren, auch ihre Farbe und sogar die Form bleiben unter dem Zuckerguss erhalten. Auf einer Geburtstagstorte, einem Eisdessert oder einfach nur zum Knabbern sind kandierte Rosen, Veilchen oder Minzeblättchen etwas ganz Besonderes. Umso mehr, wenn man den geliebten Duft draußen im Garten schon lange missen muss. Eigentlich handelt es sich bei dieser Zubereitung ums „Überzuckern". Beim Kandieren werden Früchte wie Erdbeeren oder Weintrauben, seltener aber auch Blüten, mehrmals mit Zuckersirup übergossen und man lässt sie trocknen, bis der Zellsaft weitgehend durch Zuckersaft ersetzt ist.

Zutaten für's Blüten kandieren

- essbare, am besten duftende Blüten
- 1 Eiweiß/Eiklar
- eine Prise Salz
- eventuell einige Tropfen Rosen- oder Orangenblütenwasser
- Puderzucker (Streuzucker oder anderer, besonders fein gemahlener Zucker)
- Backpapier zum Auslegen des Backblechs

Frühlingsblüten zum Überzuckern

- Veilchen
- Kleinblütige Rosen
- Flieder
- Stiefmütterchen
- Primeln
- Orangenblüten
- Obstbaumblüten wie Apfel, Kirsche, Mandel, Pfirsich ...
- Erdbeerblüten

Sommerblüten zum Überzuckern

- Nelken
- Lavendel
- Duftpelargonie
- Borretsch
- Kornblume
- Wegwarte

Zuckerblüten

Eiweiß ist sehr zähflüssig und lässt sich daher schwer mit dem Pinsel auftragen. Leichter geht es, wenn es ein wenig mit Wasser verdünnt oder leicht verschlagen wird. Eine Prise Salz gehört noch hinein, einige Tropfen Rosen- oder Orangenblütenwasser machen die Leckerei nach dem Trocknen noch duftiger. Das Bestreichen der filigranen Blüten mit Eiweiß erfordert ein wenig Übung. Mit einem weichen Pinsel sollten sie überall, auch auf der Unterseite, bestrichen werden, was kleinere Kinder sicher überfordert. Taucht man die Blüten ganz ein, so bleibt wiederum zuviel Eiweiß hängen. Das Übergießen der eingepinselten Blüten übernehmen die Kleinen aber sehr gerne. Mit Hingabe lassen sie den Zucker rieseln, bis alle klebrigen Stellen bedeckt sind. Auf eine fingerdicke Schicht Zucker gebettet, kleben die Blütchen beim Trocknen nicht an Blech und Backpapier an. So ist auch das Nachzuckern einfacher, wenn doch ein Zipfel oder eine Blattspitze vergessen wurde, bevor alles bei 40 bis 50 °C im Backrohr langsam trocknet. Höhere Temperaturen haben bei unseren Versuchen die Blütenblätter braun werden lassen. Je nach Größe der Blüten und Blätter dauert das Trocknen im Rohr ein bis zwei Stunden. An einem trockenen, sehr warmen Ort im Haus sind die Blüten nach ein bis zwei Tagen soweit. Zwischen Papier oder Stofflagen vorsichtig eingelegt halten sich kandierte Blüten in einer luftdichten Dose einige Monate.

Kandiert können Sie die Fliederblüten auf den Tisch zaubern, wenn sie draußen im Garten schon lange verblüht sind.

Pfeifen, Flöten, Tröten

Wenn Bäume und Sträucher im Frühling im Saft stehen und die Knospen aufspringen, kann man ihre Rinde leicht ablösen. Das Maipfeifchen aus Weide, Esche oder anderen Hölzern hat wieder Saison und gelingt jetzt leicht, wenn Opa beim Schnitzen tatkräftig zur Seite steht. Wenn nicht, heißt es üben, üben, üben, bis aus dem Pfeifchen der erste Ton erklingt. Ein wenig Eile ist beim Lernen nötig, da die Pfeifchensaison nur kurz währt. Ist der Frühling ins Land gezogen und der Mai fast vorbei, sitzt die Rinde wieder fest, und dann heißt es warten auf das nächste Jahr. Zum Glück gibt es aber auch noch andere Lärmmacher und Blasinstrumente.

Maipfeifchen
Die besten Hölzer fürs Maipfeifchen sind Weide, Rosskastanie, Esche, Haselnuss, Holunder und Flieder.

Maipfeifchen

Ein fingerdicker, gerade gewachsener Ast (siehe Illustration) liegt vor uns. Am Ende einer besonders schönen, 10 bis 15 cm langen Stelle sorgt die Gartenschere für einen glatten Schnitt am zukünftigen Mundstück. Zwei Fingerbreit von diesem Ende entfernt wird mit einem scharfen Messer eine ca. 2 cm lange Kerbe geschnitten – das spätere Luftloch. Das andere Ende des Pfeifchens markiert ein Ringelschnitt, der die Rinde, aber nicht das Holz, rundum durchtrennt. Gut gefedert am Oberschenkel aufliegend, muss das zukünftige Pfeifchen nun mit dem flachen Griff des Messers rundum geklopft werden. Nach einer Weile lässt sich die Rinde auf dem Holz drehen. Probieren Sie immer wieder, bis sie sich schließlich als vollständige Röhre vom Ende bis zum Ringelschnitt abziehen lässt. Vom nun nackten inneren Holzteil verwenden Sie nur den zwei Finger breiten Teil vom Ende bis zum Luftloch. Durch Abflachen an einer Längsseite entsteht ein Luftkanal, wenn Sie es als Mundstück in die Rindenröhre einschieben. Als luftdichter „Stoppel" am Ende verschließt der Rest des Astes das Pfeifchen. Durch Zusammenschieben und Auseinanderziehen entstehen höhere und tiefere Töne. Da die Flöten nur so lange einen Ton von sich geben wie die Rinde nicht vertrocknet und dadurch schrumpft, muss man sie entweder in einer Schale mit Wasser möglichst lange frisch halten oder jeden Tag eine neue schnitzen.

So muss die Kerbe fürs Luftloch aussehen.

Das Pfeifchenschnitzen lässt sich so am besten lernen – einfach dem Opa über die Schulter schauen.

Holunderflöte

Ist die beste Zeit versäumt oder will das Rindenablösen einfach nicht gelingen, so gibt es mit dem Holunder noch Hoffnung, denn er hat immer Saison, wenn es um Pfeifchen geht. Sein weiches Mark im Inneren lässt sich leicht mit einem Korkenzieher oder Handbohrer herausholen. Ein Ende bleibt aber verschlossen, denn es soll ja luftdicht sein. Die Kerbe (das Luftloch) wird genauso wie beim Maipfeifchen geschnitten – zum Mundstück hin senkrecht, zum Ende hin ein flacher Schnitt. Jetzt fehlt nur noch das Stück zum Einschieben ins Mundstück, das aus einem anderen Holz geschnitzt werden muss. Da ist Genauigkeit gefragt, denn es soll ja rundum genau passen, wie beim Maipfeifchen oben Luft durchlassen und exakt dort enden, wo das Luftloch beginnt und der Ton entsteht. Erfahrene Pfeifchenschnitzer versehen ihre Pfeife noch mit Grifflöchern wie bei einer Blockflöte, um Melodien blasen zu können.

Knöterich-Tröte

Der aus Ostasien stammende Staudenknöterich erobert bei uns ein Bachufer nach dem anderen. Aus seinen saftigen, bambusähnlichen Stängeln lassen sich laut

Ein feiner Längsschnitt wird beim Hineinblasen zur schnarrenden Stimmritze.

tönende Tröten machen. Von außen sind die Knoten deutlich sichtbar, an denen luftdichte Querwände den hohlen Stängel in einzelne Abschnitte teilen. So ein Abschnitt ergibt jeweils eine Tröte, die unten geschlossen und oben offen sein soll. In die Wand wird ein mehrere Zentimeter langer Längsschnitt als Stimmritze gesetzt. Beim (kräftigen!) Hineinblasen wird durch diese Ritze Luft nach außen gepresst und bringt die beiden Ränder unüberhörbar und eindrucksvoll laut zum Schnarren. Allerdings nur, wenn die Ritze eng genug ist, sonst hört man nur ein leises Pffffffff! Daher ist eine hauchdünne Rasierklinge besser geeignet als so manches zu wuchtige Messer. Der Schnitt sollte sich hinter der Klinge wieder schließen und darf weder bis zum unteren Knoten noch bis zum oben offenen Ende reichen. Das Hantieren mit Messer oder Rasierklinge sollten die Erwachsenen übernehmen. Auch heimische Pflanzen wie der Wiesenkerbel sind als Tröte geeignet, denn sie haben ebenfalls feste, aber hohle Stängel.

Panflöte

Die Tröten haben jedoch ihre Tücken. Die Stimmritze muss exakt sitzen und man braucht eine Menge Puste, um einen lauten, kräftigen Ton zu erzeugen. Kerbel und Knöterich eignen sich aber bestens zum Basteln einer Panflöte, die auch von kleinen Kindern ohne große Mühe geblasen werden kann, wenn sie einer Flasche Töne entlocken können. Verschieden lange Stängelstücke (unten zu, oben offen) ergeben unterschiedlich tiefe und hohe Töne. Versuchen Sie, aus den einzelnen „Orgelpfeifen“ eine Tonleiter zusammenzustellen. Mit quer darüber und darunter gelegten Brettchen oder geraden Ästen, zwischen denen die Pfeifen mit Hilfe eines Gummibandes fixiert werden, sieht das Ganze nicht nur wie eine richtige Panflöte aus, sondern lässt sich auch so spielen. Zumindest so lange, bis die Stängel eingetrocknet sind. Die bekannten Vorbilder aus Südamerika werden aus den verholzten Halmen einer meterhoch werdenden Grasart gemacht – dieses Pfahlrohr wächst bei uns als Zierpflanze in Gärten.

Löwenzahntröte

Ganz schnell, quasi im Vorbeigehen, ist diese kleine Tröte gezaubert: Einen 10 cm langen Stängel Löwenzahn abpflücken, die Blüte wegzwicken und ein Stängelende ein wenig flachdrücken. Das Instrument ist ebenso schnell erlernt wie gebaut: Das Stängelstück so in den Mund nehmen,

Für Knöterichtröten und Kerbelpfeifen braucht es genug Puste.

Gut, dass Opa sich noch an so vieles erinnert.

dass das flache Ende frei in der Mundhöhle schwingen kann. Die Lippen müssen die Tröte beim Hineinblasen so weit zusammendrücken, bis der schnarrende, ziemlich laute Ton entsteht.

Waldhorn

Das Lösen der Rinde im Frühling ist nicht nur fürs Maipfeifchen wichtig. Fortgeschrittene Rindenklopfer können sich an den Bau des spektakulären Waldhorns wagen, für das ein drei bis vier Finger breiter, gerade gewachsener, unverzweigter Ast von Haselnuss, Esche oder Weide aus dem Garten oder Wald nötig ist. In einem 5 cm breiten Streifen muss die Rinde spiralig eingeschnitten und dann nach ausführlichem Klopfen vorsichtig ohne Ein- oder Abreißen abgelöst werden. Schneckenhausartig aufgerollt, entsteht aus dem etwa einen Meter langen Rindenstreifen ein immer breiter werdender Trichter. Eine Lage der Spirale nach der anderen wird mit Dornen von Berberitzen oder Weißdorn an der vorigen festgesteckt. Noch ist aber dem beeindruckenden Waldhorn kein Ton zu entlocken.

Mundstück

Dazu fehlt nämlich noch das Mundstück. Es besteht aus einem

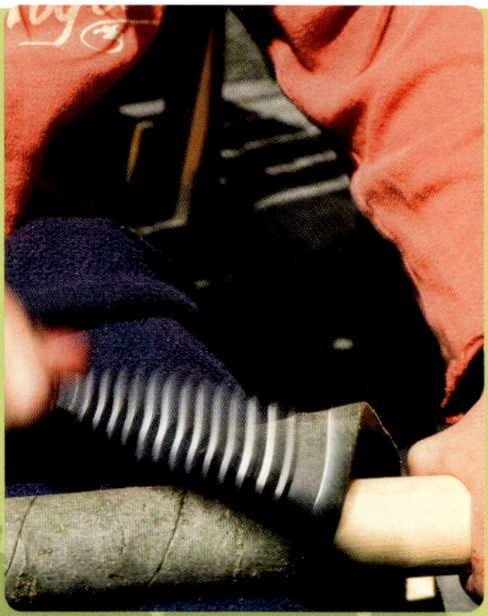

Die spiralig eingeschnittene Rinde wird so lange geklopft, bis sie sich leicht lösen lässt.

Der Rindenstreifen wird zu einem Horn aufgewickelt.

Dreierlei Waldhörner aus Haselnuss, Weide und Esche.

Kleinfinger langen, ins dünne Ende des Horns passenden Rindenröhrchen, das von einem Ast entsprechender Dicke in nun schon bewährter Klopftechnik abgelöst wurde. Von einem Ende muss nun mit einem Messer vorsichtig die äußere Schicht der Rinde rundum abgeschabt werden, bis das Röhrchen hier ganz dünnhäutig und grün ist. Die Lippen drücken das Mundstück beim Blasen leicht zusammen, das dünnhäutige Ende vibriert dabei frei im Mund wie die Löwenzahntröte und erzeugt einen Ton, der durch den Schalltrichter des Waldhorns gewaltig verstärkt wird. Dieser tiefe Ton erinnert an ein Schiffssignal im Hafen und sorgt garantiert weithin für großes Staunen. In ein feuchtes Tuch gehüllt halten die Waldhörner an einem kühlen Ort erstaunlich lange, einzig die Mundstücke müssen immer wieder erneuert werden. Sibirische Jäger verwendeten früher ein ähnliches Instrument aus Birkenrinde. Der tiefe, laute Ton ist dem Röhren der Hirsche ähnlich, was es den Menschen möglich machte, in der Brunftzeit kapitale Männchen vor ihre Flinten zu locken.

Wer lässt die Kirschen platzen?

Legt man Kirschen über Nacht in ein Glas Wasser, so quellen sie so lange, bis sie platzen. Die äußere, feste Haut ist halb durchlässig. Auch die einzelnen Zellen im Fruchtfleisch werden von einer halbdurchlässigen Membran umgeben. Da Flüssigkeiten mit unterschiedlichem Salzgehalt immer bestrebt sind einen Konzentrationsausgleich zu schaffen, dringen die schlanken Wassermoleküle durch die Fruchtwand ins Innere der Kirsche, doch die dicken Zuckermoleküle können nicht herauskommen. So füllt sich die Kirsche allmählich mit Wasser. Hält die pralle Haut dem Druck nicht mehr stand, platzt sie. Das gleiche passiert den Kirschen bei längerem Regenwetter am Baum. Der Versuch funktioniert übrigens auch mit Johannisbeeren oder Radieschen.

Absaugen ohne Pumpe

Das Gegenteil von Quellen ist Schrumpfen. Um die Neugierde der jungen Entdecker zu befriedigen ist ein Mikroskop, eine Zwiebel, ein wenig Neutralrot und Kochsalz nötig. Beim näheren Betrachten und Zerlegen einer Küchenzwiebel fällt auf, dass zwischen den dicken Schichten hauchzarte Häutchen liegen. Diese sind nur eine Zellschicht dünn und daher wunderbar für das Studium einer Pflanzenzelle geeignet. Mit einem Stückchen von 1 x 1 cm (mit einem scharfen Messer herausgeschnitten, einer Pinzette abgezogen und auf ein Glasplättchen oder einen Objektträger gelegt) kann die Reise in die Zelle beginnen. Dafür reichen 100- bis 200-fache Vergrößerungen völlig aus. Der erste Einblick ins Zwiebelinnenleben mag enttäuschend sein – von den glasig durchsichtigen Zellen ist nicht viel zu sehen. Ein Tropfen einer Neutralrotlösung färbt das Häutchen deutlich an, sodass seine innere Struktur gut zu erkennen ist. Jetzt wird die Schrumpflösung angerührt: eine Messerspitze Kochsalz auf einen Teelöffel Wasser. Ein paar Tropfen am Rande des Zwiebelhäutchens genügen bereits, und schon nach wenigen Augenblicken können Sie beobachten, wie der sichtbar gefärbte Zellinnenraum (die Vakuole) dramatisch kleiner wird. Der gleiche Versuch funktioniert auch mit Zucker.

Drinnen und draußen: Im Wasser platzt die Außenhaut.

Sommerbaustelle

Die Zeit der großen Projekte ist gekommen. Die Sonne steht lange am Himmel und die Tage scheinen kein Ende zu nehmen. Der Gartenteich wird zum Forschungszentrum, der Hausbaum zum Baumhaus und der Garten zum Freiluftatelier. Bleibt auch noch genügend Zeit, um für den Winter vorzusorgen: pressen, sammeln, trocknen – jetzt ist von allem reichlich vorhanden.

Sammeln, pressen, trocknen

Sommer – der Garten ist nun überfüllt mit Glocken, Sternen, Dolden und kleinen Korbblümchen. Soll die Blütenpracht bis in den Winter gerettet werden, gibt es eine ganz einfache Methode: Pressen! Denn mit den getrockneten bunten, papierdünnen Blüten lassen sich viele hübsche Sachen basteln. Als Erinnerung an den Sommer bringen Sie Farbe in so manchen kalten, grauen Wintertag.

Ein Vorrat für blütenlose Zeiten

Eine eigene Pflanzenpresse ist nicht nötig, ein Telefonbuch unter einem dicken Atlanten und darauf einen Stapel dicke Bücher tut es auch. Eine Presse hat allerdings den Vorteil, dass man die Blüten gleich draußen im Garten oder beim Spazierengehen einlegen kann. Vier lange Gewindeschrauben mit Flügelmuttern fixieren an den Ecken die beiden Holzdeckel so, dass kein Pflänzchen aus den Wellpappkarton- und Löschpapierlagen herausrutschen kann. Auf die Art bleiben auch die zartesten Gewächse unversehrt und ihre volle Pracht wird erhalten. Nach ein bis zwei Wochen sind die Schätze getrocknet und können nun ohne weitere Behandlung

Eine Pflanzenpresse ist eine feine Sache, die auch unterwegs zum Einsatz kommt.

aufbewahrt werden. Bei dickeren Blüten wie zum Beispiel Margeriten oder Ringelblumen ist mehr Gefühl beim Pressen, Geduld und vielleicht auch ein Wechsel der Papierlagen nötig. Wichtig: Die Blüten dürfen kein Sonnenlicht mehr abbekommen, da ihre Farben sonst ausbleichen.

Papier schöpfen

Das Schöpfen von Papier ist eine alte Handwerkskunst. Hierzu wird altes Papier oder Karton in kleine Fetzchen gerissen und über Nacht in heißem Wasser eingeweicht. Am nächsten Tag entsteht daraus – unter tatkräftiger Mithilfe eines Küchenmixers – eine einheitliche Masse, die Pulpe. Wir verwenden dazu gerne graue Eierkartons, sie ergeben ein sehr strapazierfähiges, dickes Papier. Es muss übrigens nicht immer grau sein: Natur- oder Lebensmittelfarben in den Papierbrei gemischt, ergeben auch buntes Papier. Zum Herausheben der Pulpe brauchen Sie einen Holzrahmen, der mit einem engmaschigen Netz wie z.B. Fliegengitter bespannt ist. Es gibt Papierschöpfrahmen auch fertig zu kaufen, einfache Modelle sind aber auch schnell selbst gebastelt. Heben Sie etwas Papierbrei auf das Gitter und rütteln Sie es dann vorsichtig. Dadurch verteilen sich die Papierfasern gleichmäßig auf der ganzen Fläche. Quadratisch, rund oder sechseckig: die Form des Rahmens bestimmt das Format des geschöpften Papiers.

Blütenpapier

Eine besondere Note bekommt das zukünftige Papier mit gepressten Blüten und Blättern. So wird es besonders schön, um daraus Hefteinbände, Einladungen oder außergewöhnliche Briefumschläge zu machen. Dazu werden die ausgewählten gepressten Pflanzen auf den geschöpften

Wieder herausgefallene Blätter und Blüten bleiben im Papier als wunderschöner Abdruck verewigt.

Papierbrei gelegt und mit der Hand noch etwas von der Pulpe darüber verteilt. So werden sie eng mit dem Papier verwoben, bleiben aber noch sichtbar. Wenn einzelne Blüten oder Blätter später doch wieder herausfallen, hinterlassen sie einen Abdruck, der manchmal sogar schöner wirkt als das Original.

Pressen und trocknen

Wenn kein Wasser mehr aus dem Schöpfrahmen ausläuft, sind die Papierfasern und die aufgelegten Blüten, Blätter, Samen usw. zu einem Gewebe zusammengebacken, das beim vorsichtigen Stürzen auf ein ausgebreitetes Stofftuch nicht mehr zerfällt. Nun geht es ans Pressen. Für den Hausgebrauch und für wenige Bogen Papier reicht ein Nudelholz. Legen Sie auf und unter die Tücher mit den geschöpften Papieren stets neue, trockene oder ausgewundene Handtücher, bevor Sie mit großem Druck immer wieder darüberrollen, bis kein Wasser mehr ausläuft. Die Papiere sind jetzt deutlich flacher, die Blätter, Blüten und eingestreuten Objekte liegen tiefer im Gewebe versunken. Beim anschließenden Trocknen müssen sie beschwert werden, damit sie schön flach bleiben. Daher nicht auf die Heizung legen: je langsamer sie trocknen, desto besser.

Saatscheiben

Statt Blüten lassen sich in sehr dünn geschöpftes Papier auch verschiedene Samen einstreuen. Nach raschem Trocknen erhalten Sie so selbst gemachte Saatscheiben, die im nächsten Frühjahr, in einen Topf gelegt und begossen, neues Grün sprießen lassen. Das Papier lässt sich mit einer Schere in die passende runde Form bringen und ist hübsch beschriftet ein nettes Mitbringsel aus dem eigenen Garten.

Verschieden eingefärbte Papierbreie ergeben buntes statt graues Papier.

Ein Atelier unter freiem Himmel

Auch wenn Späne fallen und die Farbe tropft – im Garten ist alles halb so schlimm wie drinnen im Haus. Verwandeln Sie einfach eine gemütliche Gartenecke in ein Freiluft-Kinderatelier. Ein ausgemusterter Tisch und ein paar alte Stühle reichen aus, um all das zu tun, worauf sich die kindliche Gestaltungswut stürzt.

Eine Villa Kunterbunt ist in jedem Garten möglich.

Gefunden und bemalt

Jetzt heißt es erst einmal suchen. Mit einem Korb unter dem Arm kann die Reise durch den Garten losgehen. Es lohnt sich, auch dort nachzusehen, wo normalerweise niemand hinschaut. Im Gebüsch, im Schuppen, unter alten Töpfen oder in der Wiese: eingesammelt wird alles, was sich lohnt bemalt zu werden. Schneckenhäuser, Tonscherben, Kieselsteine, Holzstücke, rostige Zahnräder, Nussschalen oder andere Dinge. Mit wasserfesten Farben verwandeln sich Steine plötzlich zu Käfern, Ahornsamen zu Libellenflügeln und eine Tonscherbe in ein archäologisches Fundstück mit seltsamen Schriftzeichen. Kinder lieben es, selbst gemachte Dinge zu präsentieren. So finden sich die Erwachsenen nach einer Zeit als Besucher in einem Museum wieder, das von den jungen KünstlerInnen mit viel Liebe in einer Gartenhütte oder der Veranda eingerichtet worden ist. In kleinen „Sonderausstellungen“ können die Unikate bewundert werden.

Farben für den Garten

Kinder mögen es bunt und trotzdem sehen viele Familiengärten eher blass und farblos aus. Graues Pflaster, brauner Zaun oder weißes Gerätehaus: Hier könnte ein bisschen Farbe nicht schaden. Wie wäre es mit einem kunterbunt gestrichenen Zaun, einem orange-gelb-rot gestreiften Schuppen, einem gepunkteten Pfeiler oder einem lustigen Wandbild auf einer Mauer? Es hat sich bewährt, einen Teil des Gartens für die Kinder freizugeben. Durch dieses Mitspracherecht übernehmen sie auch ein bisschen Verantwortung und sind positiv gefordert. Es liegt an ihnen ihren Bereich so zu gestalten, dass er ihnen gefällt. Sollte einmal wirklich etwas misslingen, so lässt es sich doch leicht wieder übermalen.

Legen bis zum nächsten Regen

Wie ein Meeresufer mit Strandbildern, gelegt aus angespültem Treibholz und sonderbar geformten Steinen und Muscheln – so kann auch der Garten zum Schauplatz für

Blütenwunder

Geheimnisse liegen oft im Inneren verborgen. Bei Blüten ist das nicht anders. So finden sich z. B. in den Blüten des Tränenden Herzens wieder kleine Herzen, die sich hübsch zu einem Kreis zusammenlegen lassen.

gelegte Bilder werden. Das Materialangebot ist unüberschaubar: spitze Kiefernnadeln, verschieden geformte Blätter, Blüten in allen Spielarten, raue Äste, glänzende Früchte, klebrige Knospen, platte Rindenstücke – der Fundus wechselt von Monat zu Monat. Ohne jedes Hilfsmittel, nur mit den vorgefundenen Dingen aus der Natur zu arbeiten, hat einen ganz besonderen Reiz. Ob nun gegenständliche Landschaften oder Gesichter entstehen oder abstrakte Muster und Mandalas gestaltet werden – immer ist es der Zufall, eine spontane Geste der Natur, der einem einmal ein gepflücktes Blatt, dann wieder einen „lächelnden“ Stein in die Hand legt.

Freiluftbühne fürs Sommertheater

Was im Haus keinen Platz mehr findet, ist für den Garten gerade recht. Mit etwas Geschick können Sie beispielsweise aus Sperrholzplatten ein einfaches Puppentheater bauen. Improvisation und Einfallsreichtum erschaffen so im Handumdrehen aus ein paar Brettern und ein bisschen Farbe eine wunderbare Welt im Kleinen. Mit seitlich befestigten Bandscharnieren und abnehmbaren Rücken- und Oberteilen kann es rasch und platzsparend in einem Schuppen verstaut werden. Je nach Lust und Laune lässt sich das Minitheater mit zusätzlichen Raffinessen ausstatten. Aufklappbare Wiesen auf Schienen, bewegliche Wolken und Schiffe mit Seilzug, einhängbare Bäume für den Kulissenwechsel, eine elektrische Klingel, ein Vorhang oder sogar eine Hagelmaschine ... ein Theater mit ganz besonderen Attraktionen eben. Schon strömt von überall her das Publikum, um das berühmte Gartentheaterfestival zu besuchen.

In der Welt des Theaters sind die Kinder die Großen. Eltern sind herzlich eingeladen Platz zu nehmen.

Zeigt her eure Farben!

Das Färben mit Naturfarben ist ein weites Feld für Experimente. Wer einmal damit angefangen hat, bekommt bald Lust auf mehr: noch mehr Farben, noch mehr Mischungen und noch mehr Pflanzen. Doch langsam! AnfängerInnen beginnen am besten mit einfachen Rezepten, von denen wir die folgenden drei zum Hineinschnuppern in die Farbenhexenküche empfehlen. Mit Pflanzen, die Sie mit Ihren Kindern selbst sammeln können, wird das Färben zu einem ganzheitlichen, runden Erlebnis.

Viel Zeit, viel Platz, viel Wasser

Das Färben von Wolle mit Pflanzenfarben ist eine langsame, kontemplative Tätigkeit. Beizen, einweichen, auskühlen, trocknen, spülen ... alles braucht seine Zeit. Je nach Färbepflanze muss die Wolle zwischen einer Stunde und drei Tagen im Farbbad bleiben. Bei ersten Färbeversuchen mit Kindern sollten daher langwierige und vergleichsweise langweilige Vorarbeiten wie das Beizen schon erledigt sein. Egal, ob Rohwolle, kardiertes Wollvlies oder fertig versponnene Wolle in lockeren Strängen – vor dem Färben muss Schafwolle zweimal vorgewaschen

Mit Stolz präsentiert: Alles selbst gefärbt!

Bitte beachten!

Das mag Schafwolle beim Färben gar nicht – einen Temperaturschock und zu viel Bewegung. Einlegen in handwarmes Wasser, langsames Erhitzen, vorsichtiges Wenden und Bewegen statt Umrühren oder Reiben und stufenweises Abkühlen bei den Spülgängen verhindern, dass die Wolle verfilzt. Ansonsten ist Schafwolle erstaunlich robust und verträgt langes Kochen problemlos.

werden. Verschiedene, sehr große Gefäße, viel Platz zum Umleeren, jede Menge kaltes und warmes Wasser zum mehrmaligen, gründlichen Spülen der Wolle und Wäscheleinen zum Aufhängen – all diese notwendigen Dinge sprechen für das Arbeiten in einer Art „Waschküche" oder noch besser im Freien.

Wertvoller Helfer

Eine alte Wäschezentrifuge leistet bei großen Wollmengen wertvolle Dienste. Wird die Wolle in einem zugebundenen Stoffsack eingelegt, so nimmt sie durch das Schleudern keinen Schaden. Sie trocknet schneller, und auch das Spülen geht wesentlich rascher, wenn zwischen zwei Spülgängen ein Schleudergang eingelegt wird.

Beizen

Erst eine Vorbehandlung macht die tierische Faser aufnahmefähig für die meisten Pflanzenfarben. Beize und Farbstoff gehen eine wasserunlösliche und daher waschechte und haltbare Verbindung in den Wollfasern ein. Als ökologisch vertretbare Beizmittel stehen Weinstein und Alaun zur Verfügung. Beide sind in Apotheken und Drogerien erhältlich und in der Handhabung unbedenklich. Diese Zusätze werden in warmem Wasser aufgelöst, bevor die ungefärbte, gewaschene Wolle eingelegt wird. Nach einer Stunde Kochen kühlt sie noch in der Beizlösung aus, dann geht es weiter ans Färben.

Beispiel 1: Kaltfärbung (Walnuss)

Die grüne Fruchthülle und die herb duftenden Blätter der Walnuss enthalten den Farbstoff Juglon, der nach der Nussernte die braunen Finger beschert. Ihr hoher Gerbstoffgehalt erspart das Beizen. Die zerkleinerten Walnussschalen oder -blätter müssen beim Kaltfärben das zehnfache Gewicht der Rohwolle auf die Waage bringen, daher braucht es einen großen Topf. Wolle und

Grüne Walnussschalen färben auch ohne Vorbeize und ohne Kochen.

Walnuss werden abwechselnd geschichtet und in den nächsten beiden Tagen gelegentlich ein wenig hin und her bewegt. Die fertig gefärbte Wolle muss zur schönen Entwicklung der braunen Farbe gut ausgelüftet werden. Locker auf eine Wäscheleine gehängt, trocknet sie erst einmal, bevor sie ausgiebig gespült wird. Ins letzte Spülwasser kommt ein Schuss Essig.

Beispiel 2: Einbadfärbung (Birke)

Beize, Farbstoff und Wolle werden zusammen in einem Topf gekocht. Zuvor aber muss der Farbstoff aus den getrockneten Birkenblättern durch einige Stunden Einweichen in Wasser und eine Stunde Auskochen gewonnen werden. Hierfür benötigt man das doppelte Wollgewicht an Blättern. Der ausgekühlte Absud wird mit Wasser aufgefüllt, bis der Topf soweit voll ist, dass die Wolle ganz untergetaucht darin schwimmen kann. In diesem Färbebad wird das Beizmittel (12 % Alaun vom Wollgewicht, also auf 500 g Wolle 60 g Alaun) direkt aufgelöst und die Wolle eine Stunde darin geköchelt. Birkenblätter schenken der Wolle ein klares Gelb. Die fertig gespülte Wolle zeigt ein schönes Gelbgrün bis helles Olivgrün, das wunderbar zum Gelb der Birke und zum Braun der Walnuss passt.

Spülen

Manchmal reicht es, nach dem Färben zweimal zu spülen, manchmal braucht es fünf oder sechs Spülgänge. Wer hier nachlässig ist, bereut es spätestens dann, wenn die gefärbte Wolle nach dem Trocknen und Verarbeiten „nachblutet". Das Spülwasser muss stets an die Temperatur der Wolle angeglichen sein und darf nur schrittweise kühler werden.

Farben aus Pflanzen

Besondere Beizen, Entwicklungen mit Metallsalzen oder mehrmaliges Nachfärben im gleichen Färbebad ergeben eine große Palette an Farbnuancen und Abweichungen von den hier genannten Grundfarben.

Beispiel 3: Färbung mit vorgebeizter Wolle (Johanniskraut)

Bei den meisten Pflanzen reicht ein Arbeitsgang und ein Topf für Wolle, Farbstoff und Beizmittel nicht aus. So ist es auch mit dem Johanniskraut, bei dem die ganze blühende Pflanze färbt. Nach eineinhalb Stunden Kochen in der Alaun-Beize (15 % vom Wollgewicht) wird die Wolle nach dem Auskühlen ausgedrückt oder im Stoffsack geschleudert. Gleichschwer Johanniskraut wie Wolle (im trockenen Zustand gemessen) im Gewichtsverhältnis 1:1 kommen nun ins separate Färbebad, das nach langsamem Erwärmen eine Stunde köcheln soll. Die

Farben aus heimischen Pflanzen und Gartengewächsen

Pflanze	Verwendete Teile	Farbe
Walnuss	frische Blätter, grüne Fruchthülle	Braun
Johanniskraut	ganze Pflanze	Gelbgrün, Oliv
Küchenzwiebel	Zwiebelschalen	Braun
Birke	getrocknete Blätter	Gelb- und Grüntöne
Schafgarbe	ganze Pflanze	Gelb
Heidekraut	ganze Pflanze	Dottergelb
Kamille	Blüten	Gelbtöne
Tagetes	Blütenblätter	Hellorange, Gelb
Saflor, Färberdistel	Blütenblätter	Orange, Gelb

Farben aus gekauften Naturrohstoffen

Pflanze	Verwendete Teile	Farbe
Krapp	Wurzel	Rottöne
Cochenille	tote, getrocknete Schildläuse	Rosa, Purpur, Violett
Blauholz	Holzspäne	Blau- und Violetttöne
Färber-Waid	Blätter	Blau (Färbung kompliziert)
Indigo	ganze Pflanze	Blau (Färbung kompliziert)

Von links nach rechts (Prozentangaben beziehen sich auf das Wollgewicht):

1. Braun (Wollknäuel): 400 % Walnussblätter, Vorbeize mit 15 % Alaun (Heißfärbung)
2. Lila: 8 % Blauholz, erste Färbung, Vorbeize mit 15 % Alaun
3. Hell-Lila: 8 % Blauholz, zweite Färbung, Vorbeize mit 15 % Alaun
4. Pink: 25 % Cochenille, Einbadfärbung
5. Rötlich: 25 % Cochenille, Einbadfärbung, zweite Färbung mit Zusatz von 1,5 g Zinnchlorid und 6 g Weinstein
6. Rosa: 25 % Cochenille, Einbadfärbung, dritte Färbung
7. Rot: 100 % Krapp, Vorbeize mit 15 % Alaun und 6 % Weinstein
8. Orange: 100 % Krapp, zweite Färbung (1 Stunde bei 80° C), Vorbeize mit 15 % Alaun und 6 % Weinstein
9. Gelb: 100 % Tagetes, Stufenfärbung: 2-mal $^1/_2$ Stunde, Vorbeize mit 15 % Alaun
10. Grün: Indigo, Küpenfärbung (Gärbad) auf gelbe Wolle
11. Blau: Indigo, Küpenfärbung auf weiße Wolle
12. Braun: 100 % Johanniskraut, Vorbeizen mit 15 % Alaun

Traumhaus Baumhaus

Die eigene Gartenhütte zum Spielen – das ist schon eine aufregende Sache. Aber was ist sie gegen ein echtes Baumhaus? Auf hohen Stelzen haust und spielt es sich wohl anders als auf dem „niederen" Erdniveau. Im Sommer breiten die Bäume ihr Blätterdach darüber und machen das „Krähennest" zu einem der wenigen kühlen Orte im Garten. Das Haus muss nicht einmal besonders hoch im Baum gebaut sein, um seinen Bewohnern das Gefühl zu verleihen, in einer anderen Welt zu sein.

Versteckt und entrückt

Was lassen sich nicht für herrliche Spiele ausdenken dort oben? Ritterburg, Piratenschiff, Räuberhöhle oder bemannte Raumstation: zwischen den Zweigen verbirgt sich ein fantastischer Ort für große Aktionen mit viel Fantasie. Körbe werden heraufgezogen und hinuntergelassen, Leitern angestellt, Freunde eingeladen oder Feinde abgewehrt – und die Stunden vergehen wie im Flug. Zwischen den Blättern versteckt und vom restlichen Garten entrückt, finden Kinder ihre Ruhe und können sich den Blicken der Erwachsenen entziehen.

Kreatives Recycling

Liegen nicht noch Dachlatten, alte Fußbodenbretter oder ein paar übrig gebliebene Holzpfosten irgendwo im Haus oder bei den Nachbarn herum? Für ein Baumhaus ist jede Menge altes Holz willkommen, das mit einem bunten Anstrich wieder aussieht wie neu. Ausgemusterte Fenster und Türen, alte Vorhänge, kleine Regale für den Krimskrams, ausrangierte Kindermöbel oder nicht mehr benötigte Matratzen, alles wird nun gebraucht. Mit ein bisschen Hilfe basteln und bauen die Kinder selbst, sammeln Erfahrungen im Umgang mit Holz und haben am Ende allen Grund, stolz auf ihr Werk zu sein. Selbst gebaut und ausgedacht ist immer ein Original, fixfertig hingestellt oder gekauft ist das Spielhaus dagegen bloß Stangenware.

Haus auf Pfählen

Der Baum muss nicht unbedingt sehr groß sein, um ein Haus darin zu bauen. Auch mehrere kleinere, dicht stehende Bäume können eine Plattform zwischen ihren Stämmen aufnehmen. Ohne direkte Auflage und Verbindung mit Stamm und Ästen wird ein Baumhaus hier zum Pfahlhaus und steht „auf eigenen Beinen" sicher auf der Erde. Vor allem AnfängerInnen in diesem Metier sollten nicht den Boden unter den Füßen verlieren und ihr erstes Projekt daher Stützpfeilern auf Mutter Erde anvertrauen. Diese Bauweise ist nicht nur sehr sicher, sie schont auch die Bäume und behindert deren Wachstum nicht.

Trockene Füße

Holz sollte keinen direkten Kontakt mit der Erde haben, damit es lange hält und nicht durch Fäulnis zur Gefahrenquelle wird. Pfähle stecken daher zur Sicherheit immer in Metallmanschetten wie Pergolaschuhen oder Bodenhülsen, die man im Gartencenter bekommt.

Buschhaus

Gärten in steiler Hanglage ermöglichen einen genialen Kunstgriff: Aus einem in den Hang gebauten, ebenerdigen Häuschen ist der Ausblick genauso schwindelnd hoch wie von einem Baum. Wenn ringsum Sträucher wachsen, wird das Baumhaus-Gefühl noch verstärkt. Ein solches „Buschhaus" ruht auf mindestens vier Punktfundamenten und macht aus einem ungenutzten Teil des Gartens einen lebendigen Abenteuerspielplatz.

Kein Zutritt für Erwachsene.

Das gibt's nur im Sommer – blühender Salat.

Iss dich bunt!

Naschen Sie sich einmal durch Ihren Garten! Es gibt nur eine Regel: Gegessen werden darf alles, was nicht giftig ist, und das ist für Kinder nicht immer leicht erkennbar. Für die ganz Kleinen sollten vorsorglich alle giftigen Gewächse aus dem Garten verbannt werden, wenn das Probieren und Naschen allzu großen Gefallen findet. Im Lauf der Jahre lernen Kinder aber sehr genau zu unterscheiden – es wäre schade, ihnen die Gelegenheit zu nehmen, sich giftige Pflanzen genau einzuprägen.

Hungerblümchen

Manche Blüten wie die sauren Begonien haben einen markanten Geschmack, andere sind wohl eher eine optische als eine kulinarische Bereicherung. Große Blüten wie Taglilie oder Kürbis sind mit einer leckeren Füllung ein delikates Küchengeheimnis. Aber auch die einfache schnelle Jause nach der Schule wird durch ein paar Blüten einfach bunter. Schön sieht ein Butterbrot beispielsweise aus, wenn es in Streifen geschnitten wird und jeder Streifen mit einer anderen Blumensorte belegt ist. Besonders fröhlich leuchten die bunten Blumen zwischen grünen Salatblättern hervor. Das Auge isst bekanntlich mit, und eine große Schüssel Blattsalat mit Kapuzinerkresse, Gänseblümchen, Ringelblume und blauem Natternkopf ist einfach unwiderstehlich. Borretschblüten sehen aus wie kleine blaue Sterne und verschönern fast jede Speise: auf Saucen und Suppen oder als Krönung auf dem Eisdessert.

Essbare Blüten im Sommer

Eine Auswahl:

- Begonie
- Borretsch
- Gänseblümchen
- Gundermann
- Indianernessel
- Kapuzinerkresse
- Kornblume (blaue Zungenblüten)
- Löwenmaul
- Malve, Stockrose
- Margerite
- Natternkopf
- Nelke (Bartnelke, echte Nelke)
- Phlox
- Ringelblume
- Rose
- Salbei
- Sonnenblume (Zungenblüten)
- Taglilie
- Zucchini, Kürbis

Eingefroren: Borretsch, Gänseblümchen und Ringelblume.

Eisblumen

Rot, grün, blau und gelb: Lebensmittelfarbe zaubert viele bunte Eiswürfel für die Sommerparty. Aber auch mit einer eingefrorenen Blüte oder Beere ist die eisige Überraschung perfekt. Ein Trick, damit Gänseblümchen oder Walderdbeere schön in der Mitte des Eiswürfels festfrieren: Blüten oder Früchte in die Form legen und diese zunächst nur halb mit Wasser füllen, durchfrieren lassen und erst dann ganz auffüllen und nochmals in das Tiefkühlfach legen.

Erlebniswelt Wasser

Eine Pfütze, ein Bottich, ein kleiner Teich oder auch nur ein Glas Wasser: Mit so einem blauen Juwel im Garten lassen sich wunderbare Experimente anstellen. Das quicklebendige Element gleicht den neugierigen und quirligen Kindern und ist wohl in ihren Händen am besten aufgehoben. Was macht im Sommer mehr Vergnügen als mit Wasser zu pritscheln und ganz nebenbei so manches Geheimnis zu lüften?

Eine Ballpumpe schickt Luft durch die ganze Pflanze, die oben wieder herausperlt.

Pumpe, Blatt und Eimer

Wie gelangt die Luft in den Gartenteich? Ein einfacher Versuch bringt Klarheit: Schneiden Sie ein Seerosenblatt mit mindestens 30 cm langem Stiel ab und tauchen Sie das Blatt ganz unter Wasser. Bläst jemand nun kräftig in den Stängel hinein, steigen kleine Luftbläschen von der Blattoberseite auf. Besser noch funktioniert es mit einer Ballpumpe mit dünnem Nadelventil, das direkt in einen der vielen im Querschnitt sichtbaren Luftkanäle des Stängels gesteckt wird. Das Experiment zeigt einerseits das raffinierte System der breiten Belüftungskanäle, welche die ganze Pflanze durchziehen. Andererseits beweist es, dass Schwimmblattpflanzen wie die Seerose nur an der Oberseite Spaltöffnungen für den Gasaustausch haben. Bei gewöhnlichen Landpflanzen befinden sie sich an der sonnengeschützten Unterseite der Blätter.

Aus Löwenzahnstängeln gedreht: Locken, Brillen und Spiralen.

Kringeln und Ringeln

Schlitzt man Löwenzahnstängel an den Enden auf und wirft sie ins Wasser, so ringeln sie sich wild ein. Manche sehen aus wie Schmetterlinge, andere wie Nasenzwicker oder Monokel. Vor allem Kleinkinder haben große Freude an dieser mit bloßem Auge sichtbaren und ungewöhnlichen Bewegung der sonst so statischen Pflanzen. Das Blatt eines Löwenzahns könnte den gezähnten Mund, die Blüten die Augen und dann die Kringel die Haare bilden. So lassen sich lustige Gesichter legen und fotografieren.

Flatterbinsen-Docht

Im Teich gleich neben den Seerosen gedeihen die Flatterbinsen. Sie haben weißes, stark lufthaltiges Mark von schwammähnlicher Konsistenz. Der Stängel lässt sich leicht einreißen und das Mark mithilfe eines spitzen Stifts oder Nagels herauslösen. Drei, vier verdrehte oder verflochtene Markfäden werden nun in eine kleine, schlanke Glasflasche gesteckt, die mit Lampenpetroleum gefüllt ist. Hat sich der Binsendocht nach ein paar Stunden vollgesogen, kann man ihn an der Spitze entzünden. Die unzähligen kleinen Hohlräume des Durchlüftungsgewebes sorgen für den lückenlosen Brennstofftransport – ganz ähnlich wie beim geflochtenen Baumwolldocht einer Kerze. Dochte aus Flatterbinsen und anderen Wasser- und Sumpfpflanzen waren früher sowohl in Europa als auch in Asien häufig in Gebrauch.

Experimente mit Pfiff:
Warum brennt die Binse?

Näher dran

Jeder Teich ist eine kleine Wunderwelt für sich. Was im Vorbeigehen bloß wie ein gewöhnlicher Tümpel aussieht, offenbart sich bei näherer Betrachtung als eigener Mikrokosmos. Obwohl es sich um heimische Tiere und Pflanzen handelt, sind viele Wasserlebewesen doch weitgehend unbekannt. Märchenhaft, exotisch, ja fast wie der Blick in ein fremdes, fantastisches Universum sind die ersten Eindrücke aus der Wassertümpelwelt. Da schwimmen Krebsscheren zwischen seltsam durchs Wasser sausenden kleinen Flitzern, auf sprießenden Igelkolben kleben mumienhaft die leeren Hauthüllen geschlüpfter Insekten und auf dem herausragenden Froschlöffel landet die schillernde Mosaikjungfer. Alles, was Sie für die Expedition in die Unterwasserwelt brauchen, ist ein Kescher, eine Lupe und wissbegierige junge ForscherInnen.

Erkannt? –
Rädertierchen!

Bizarre Tierwelt im Wasser

Vor dem ersten Beobachten interessanter und ausgefallener Wasserinsekten oder Wasserpflanzen bietet sich die einmalige Gelegenheit, die Fantasie Ihrer Kinder spielend zu fördern. Wie sieht wohl ein Hüpferling oder die Wasserpest aus? Hat jemand eine Ahnung, was eine Urschleimamöbe so alles treibt? Ist ein Blutauge ein Tier oder eine Pflanze? Wie schauen Bauchhärlinge, Rädertiere oder Torfgespenster aus? Und warum ist der Wasserfloh ein Krebs, obwohl er durchs Wasser springt? Zettel und Stift – und los geht's! Lassen Sie die Kinder Wassertiere zeichnen, von denen Sie noch nie gehört haben. Anschließend ein Blick ins Internet, in ein Bestimmungsbuch oder live in ein Mikroskop entlarvt die kleinen Mikromonster – aber erst nach dem Zeichnen!

Noch näher dran

Während größere Wassertiere wie Libellenlarven, Kaulquappen oder Rückenschwimmer mit einem Kescher gefangen werden können, schlüpfen die winzigen Kieselalgen und andere Einzeller durch die großen Maschen. Um kleinste Wasserlebewesen zu fangen, benötigen Sie also ein engmaschiges Planktonnetz, das im Fachhandel erhältlich ist. Die aus dem Wasser gesiebte „Beute“ lässt sich nun unter dem Mikroskop oder mit einer großen Lupe beobachten. Das Spannende dabei ist, dass jeder Wassertropfen ein anderes Spektrum der unendlichen Welten des Mikrokosmos zeigt. Mal sieht man das schlagende Herz eines Wasserflohs, dann die Fächerkiemen der Büschelmückenlarven oder die wie Raumschiffe durchs Wasser schwebenden Kugelalgen, die sich durch ihre grazilen Geißelschläge fortbewegen.

Aquarium im Gurkenglas

Wassertiere vom Uferrand oder vom Steg aus „in freier Wildbahn" zu beobachten, kann recht schwierig sein. Kaum zeigt sich ein interessanter Käfer an der Wasseroberfläche, taucht er auch schon wieder ab und verschwindet am Teichgrund. Für näheres und längeres Beobachten der tausenderlei Tierchen reicht ein gut ausgewaschenes Gurkenglas völlig aus. Der Fang aus dem Kescher kann jetzt in aller Ruhe mit einer Lupe begutachtet werden. Nach dem Erforschen dürfen die kleinen Flitzer wieder dorthin zurück, woher sie gekommen sind.

Kleinstes Theater der Welt: Mikrodramen im Wassertropfen.

Wasserlupe

Eine einfache Möglichkeit ins Wasser zu schauen, bietet die Wasserlupe. Sie ist nicht schwierig zu basteln: Sie brauchen ein etwa 30 cm langes, im Durchmesser 10 cm breites Rohr aus Plastik – beispielsweise einen Polycalrohr-Rest vom Installateur, eine durchsichtige Plastikfolie und etwas Klebeband. Die Folie wird über ein Rohrende gezogen und rundum wasserdicht befestigt. Durch den Wasserdruck wölbt sie sich beim Eintauchen ins Wasser nach innen, was einen leichten Vergrößerungseffekt bewirkt. So lässt sich die interessante Flachwasserzone am Ufer bestens erforschen. Zum Fotografieren unter Wasser werden übrigens ganz ähnlich gebaute Geräte verwendet.

Schaukelbilder

Im Sommer sind Wiesen und Beete von Blumen übersät. Sie können gepflückt, in einem Korb gesammelt und dann wie kleine Schiffchen in einen mit Wasser gefüllten Bottich gesetzt werden. Flache und schalenförmige Blumen wie Gazanien, Löwenzahn oder Ringelblumen sind exzellente Schwimmer. Um den im Wasser herumtreibenden Vagabunden ein Zuhause zu geben, eignet sich ein Blumenkranz, ein Bilderrahmen aus Holz oder ein aus Weidenzweigen geflochtener Ring. Darin lassen sich verschiedene Blätter, Rindenstückchen oder Blüten zu Tieren oder Gesichtern formen. Farbmuster und Streifen oder Karos entstehen, wenn gleiche Blüten durch kleine schwimmende Ästchen von den anderen getrennt werden. Leicht bewegt, etwa durch einen Tropfen, beginnen die Bilder zu tanzen und zu schaukeln und bewegen sich wie fliegende Teppiche auf der Wasseroberfläche.

Wie kleine bunte Schiffchen schwimmen die Blüten auf dem Wasser.

Farbenrausch im Eimer

Ein Besenstiel oder Holzstab verwandelt die schwimmenden Bilder beim Umrühren in ein wildes Blütenkarussell. Statt einzelner Formen sieht man dann nur noch Farben in Verläufen. Eine Kamera hält die bunten, wirbelnden Bilder fest, die sich ausgezeichnet für originelle Geburtstagseinladungen eignen. Um schön ineinanderfließende Farben zu bekommen, müssen Sie die Automatik Ihres Fotoapparates samt Blitz ausschalten und eine lange Belichtungszeit von etwa 1/15 bis 1 Sekunde einstellen. Um die Bilder nicht zu verwackeln, montieren Sie die Kamera am besten auf ein Stativ.

Mottenschreck im Kasteneck

Lavendel, Kamille und Rose – ihr Duft prägt den Garten für eine lange Zeit. Konserviert erfreut er die Nase noch Monate später, hält den Kleiderschrank mottenfrei oder zaubert einfach nur einen erfrischenden Duft in die Bettwäsche. Die Verpackung spielt bei Düften bekanntlich eine große Rolle – ob Sie die trockenen Blüten nun in ein Duftkissen einnähen, in ein schickes Tuch knüpfen oder in ein besonderes Wäschesäckchen füllen.

Duftsäckchen

Getrockneten Lavendel abzurebeln ist keine Arbeit für die Hände, sondern für die Nase. Eingenebelt vom süßen Duft müssen die lila Blütchen vom harten Stängel – eine Tätigkeit, die sich gut gemeinsam mit Kindern erledigen lässt. Auch das Ernten des kindgerecht niedrig wachsenden Lavendels ist etwas für die Sprösslinge, ganz Kleine können dazu mit einer normalen Bastelschere arbeiten. Zur Blütezeit geschnitten und zum Trocknen in Sträußchen aufgehängt oder auch nur lose aufgelegt behält der Lavendel seinen betörenden Duft für lange Zeit. Ob es kunterbunte Stoffreste sind, durchsichtige Gaze oder selbst bemalte und bestickte Unikate: Duftsäckchen sind ideale kleine Geschenke. Eine besonders schöne Verzierung oder eine kleine Stickerei darauf machen sie zu persönlichen Gegenständen. Lässt der Duft mit der Zeit nach, muss nicht das ganze Säckchen neu gefüllt werden. Ein paar Tropfen ätherisches Öl erneuern den Duft. Im Kampf gegen die Motten können Sie aber neben dem bewährten Lavendel auch auf die Unterstützung durch viele andere Duftpflanzen zählen.

Reiche Ernte – arme Motten.

Duftkissen

Eine Nummer größer und vollkommen andere Gerüche: ein Duftkissen gehört ins Bett oder aufs Sofa – aber nicht in den Schrank. Da hat wohl jeder Mensch seine eigenen Vorlieben, ist Duft doch etwas sehr Persönliches. Manche erinnert Kamille zu sehr an überstandene Krankheiten, obwohl ihr Duft tiefen, ruhigen Schlaf schenkt. Andere lieben Zitronenaromen und geben der Kissenfüllung zum Beispiel getrocknete Blätter der Zitronenverbene zu. Bei den Duftpelargonien allein gibt es so viele verschiedene Duftnoten, dass man sich kaum durch alle durchschnuppern kann. Katzen fliegen bekanntlich auf den Geruch der Katzenminze, ihr eigenes Duftpolster muss daher einiges aushalten. Als Spielzeug für besonders wilde Vierbeiner haben sich gefüllte, ausgemusterte Socken bestens bewährt.

Pflanzen fürs Duftkissen

- Duftpelargonie
- Kamille
- Katzenminze
- Indianernessel
- Zitronenverbene

Duft gegen lästige Motten

- Lavendel
- Pfefferminze
- Heiligenkraut
- Rainfarn
- Eberraute
- Rosmarin

Bilder aus Staub

Die flachen Wedel des Wurmfarns eignen sich wunderbar für Sporenbilder.

Aus den wundersam altertümlichen Farnpflanzen entstehen geheimnisvolle Abdrucke prähistorischer Landschaften, ganz ohne Versteinerungen und innerhalb nur eines Tages. Feingeästelte Urzeitbäume zeichnen sich in weiter Ferne am Horizont ab. Schlanke Schachtelhalmgewächse sprießen wie große Sträucher aus dem Boden, während hübsch strahlenförmig blühende Räderblumen am Saum eines Sumpfes gedeihen. Hierfür sind keine Farben, kein Pinsel und kein Hokuspokus nötig. Alles was gebraucht wird sind lediglich Farnwedel, ein weißes Blatt Papier und ein klein wenig Geduld.

Puder, Staub und Sporen

Erfolg oder Misserfolg so eines Farnbildprojektes hängen nicht zuletzt vom richtigen Zeitpunkt der Ernte ab. Die an der Unterseite der Farnwedel liegenden Sporenkapseln sollten reif, aber noch nicht geöffnet sein. Am besten verfolgen Sie die Entwicklung der Sporenreife zu Beginn des Sommers und drehen von Zeit zu Zeit einen Wedel um. Wenn beim Darüberreiben zwischen den Fingern ein braunes Pulver zurückbleibt, sind die Sporen reif. Erwischen Sie die Farne aber um eine Weile zu früh, macht das nichts, denn die Sporenkapseln reifen bei Zimmertemperatur und Trockenheit gut nach. Die drahtigen, harten Stiele der Farne lassen sich am besten mit einer Gartenschere durchschneiden.

Stern aus einzelnen Fiederblättchen: Wurmfarn.

Rippen, Schuppen und Zungen

Tolle Sporenbilder ergeben besonders jene Farnarten, die flache Wedel mit interessanter Anordnung der Sporenkapseln haben und sich beim Trocknen nicht allzu sehr aufbiegen oder schrumpfen. Gute Erfahrungen haben wir mit Wurmfarn, Streifenfarn, Goldschuppenfarn, Rippenfarn, der Hirschzunge und interessanterweise auch mit dem Pfauenradfarn gemacht. Für feine und zierliche Muster eignen sich ganz besonders kleinwüchsige Arten wie der Streifenfarn.

Schattenbilder aus feinen Körnern

Legen Sie nun die abgeschnittenen Farnwedel mit der Unterseite auf ein weißes Blatt Papier. Es muss kein ganzer Wedel sein, auch einzelne abgeschnittene Fiederblättchen ergeben Muster oder ganze Landschaften. Solange die Sporenkapseln noch geschlossen sind kann nichts passieren. Wenn die Kapseln aufplatzen und die Sporen auf den Untergrund fallen, dürfen die Bilder nicht mehr bewegt werden. Jeder Luftzug oder eine größere Erschütterung würde das filigrane Kunstwerk zerstören. Ein ruhiger Ort ist daher wichtig. Am besten stülpen Sie zusätzlich noch einen großen Glasdeckel von einer Pfanne oder eine Käseglocke über das Papier. Bei kleineren Bildern reicht auch ein Glas. Nun ist Geduld gefragt. Nach etwa zwei bis drei Tagen werden die Wedel ganz behutsam in die Höhe gehoben, um das darunter entstandene, fein gestreute Sporenbild nicht zu verwischen. Eine Pinzette ist bei kleineren Blättchen sehr hilfreich.

In Form halten

Nicht bei jedem Sporenbild lohnt es sich, es auch zu erhalten. Manchmal fallen die Sporen unregelmäßig aus oder sind nur ganz schwach ausgebildet. Ein gelungenes Bild kann jedoch mit etwas Haarspray oder Klarlack vorsichtig übersprüht werden. Anschließend lässt sich das Sporenbild dann auch gut in Folie laminieren.

Sterne aus dem Hut gezaubert

Einfacher als mit Farnwedeln lassen sich Sporenbilder mit Pilzen „malen". Dabei wird der Hut eines Lamellenpilzes, wie beispielsweise der eines Parasolpilzes oder Champignons, ohne Stängel auf ein weißes Blatt Papier gelegt. Die Pilzhüte verrutschen nicht so leicht wie Farnwedel und biegen sich beim Trocknen weniger auf. Unter einem Glassturz reifen die Sporen und regnen millionenfach aus den Lamellen herab. Die Bilder sehen wie Sterne, Blumen oder Speichenräder aus, wobei unterschiedliche Hutgrößen nebeneinander abwechslungsreiche Muster ergeben.

Aus dem Hut gezaubert: Spori, Spora, Sporangium, ein Stern, ein Rad, ein Ring rundum.

Herbstwerkstatt

Pflücken und fädeln, ernten und weben, schneiden und fliegen lassen, pantschen und schreiben, knallen und schnitzen ... der Garten ist behangen mit Perlen, Propellern, Kugeln, Lampions und bunten Blättern. Bricht die Dämmerung herein, ist noch lange nicht Feierabend. Dann holen wir uns den Herbst nämlich einfach ins Haus.

Was bringt die neue Herbstkollektion?

Ein herrlicher Herbstspaziergang! Die Blätter bunt, die Früchte reif und alle Taschen vollgestopft. Was nun mit den vielen Kastanien, Schneckenhäuschen und den prächtigen Blättern anfangen? Es gibt da eine schmucke Lösung: Die gesammelten Schätze werden zu Ketten, Girlanden und ganz individuellen Schmuckstücken veredelt.

In einer alten Holzschatulle präsentieren sich die „Perlenketten" als echte Kronjuwelen.

Schmuck für Fenster und Tür

Vor das Fenster gehängt, ist kräftig gefärbtes Laub ein einziger Farbenrausch. Die Strahlen der tief stehenden Herbstsonne bringen die roten und gelben Blätter im Gegenlicht noch einmal richtig zum Leuchten. Damit sie sich beim Trocknen nicht so schnell zusammenkrümmen und einrollen, sollten Sie die Blätter ein paar Tage pressen, dann bereitet der Fenstervorhang länger Freude als bloß ein, zwei Tage. Eine lange Girlande entsteht, wenn Sie die gesammelten Blätter dicht an dicht mit einer Nadel auf einen Faden auffädeln. Für eine ordentliche Länge ist da schon eine ganze Menge Laub erforderlich. Wenn Sie statt eines Fadens oder einer Lederschnur einen nicht zu dicken, aber stabilen Draht nehmen, so lassen sich aus der Blättergirlande Kreise, Herzen, Rechtecke und alle nur erdenklichen Formen biegen.

Da kommt der Herbst in' s Haus.

Schmuck für Hals und Kopf

Weiche Vogelbeeren lassen sich leicht mit einer Nähnadel auffädeln, der gute alte Fingerhut ist dabei ein hilfreiches Utensil. Bei Hagebutten oder bei Kastanien wird es schon schwieriger, da muss ein Handbohrer her. Mit einem Akkubohrer stellen auch Walnüsse kein Problem dar, die mit einer Zange während des Bohrens festgehalten werden. Lässt sich ein Objekt nicht lochen, kann man es in eine Draht- oder Schnurschlinge eng einspannen und so an der Kette befestigen. Hat sie die richtige Länge für ein Armband, ein Stirnband oder eine Halskette, wird die Kette fest verknotet und stolz getragen.

Eingefädelt – aufgefädelt

- Mandeln (geschält, mit einer Nadel vorsichtig vorbohren, sie brechen sehr leicht)
- Bunte Holzkugeln oder sonstige, fädelbare Perlen aus dem Spielzeughandel
- Tonkugeln (selbst gemacht mit Loch, gebrannt oder ungebrannt, glasiert oder natur)
- Steckzwiebeln oder kleinere Blumenzwiebeln
- Maisscheiben (vom Kolben absägen)
- Beeren (festere Arten wie Vogelbeere, Feuerdorn, Weißdorn, Zierapfel, Apfelbeere etc.)
- Hagebutten (schön ist auch eine Kollektion aus verschiedenen Hagebutten von allen möglichen Garten- und Wildrosen)
- Holzscheiben (von Rundholz sägen und Loch bohren)
- Treibholzstücke
- Walnüsse (mit Draht- oder Schnurschlinge an der Kette befestigen oder mit der Bohrmaschine ein Loch bohren)
- Lampionsblumen (mit einer Nadel durchstechen oder am Stängel anknüpfen)
- Rindenstückchen (dünn wie Birkenrinde oder dick wie Föhrenborke)
- Blätter
- Chilischoten (anschließend nicht vergessen die Hände zu waschen)
- Kürbiskerne (mit der Nadel vorsichtig vorbohren, sie brechen leicht)
- Aschantinüsse
- Kastanien (mit Handbohrer oder bei größeren Mengen mit Akkubohrer vorbohren)
- Edelkastanien
- Rosenblüten und andere lose Blütenblätter
- Zitronenscheiben (selbst getrocknet oder gekauft)
- Orangenscheiben (selbst getrocknet oder gekauft)
- Apfelringe (selbst getrocknet oder gekauft)
- Mohnkapseln
- Zimtstangen
- Korkenscheiben (mit einem scharfen Messer abschneiden)
- Aststückchen (zum Beispiel Holunder, mit Handbohrer der Länge nach durchbohren und auffädeln)
- Muschelhälften und Schneckenhäuser (Loch machen)
- Federn (anknüpfen)
- Trockenblumen (Papierblümchen, Strohblumen)
- Eicheln, Bucheckern, Pimpernuss, Früchte aus dem Wald
- Mandarinensterne (aus den Schalen ausgeschnitten oder mit Keksformen ausgestanzt)
- und vieles mehr …

Propeller, Segler und andere Flugobjekte

Fliegen nach dem gleichen Prinzip: Ahornsamen und Flugpropeller.

Im Herbst flattert, gleitet und segelt alles Mögliche durch die Luft. Die Bäume bereiten sich nicht nur auf den Winter vor und werfen ihre bunten Blätter ab, auch die Verbreitung von Samen und die Ernte von Früchten hat jetzt Hochkonjunktur. Bäume nützen ihre Größe und haben alle möglichen Tricks entwickelt, um ihre Samen möglichst weit zu streuen. Mit einem Blatt Papier, einer Schere und ein wenig Geschicklichkeit kann die große Flugshow beginnen. Wer fliegt wohl am weitesten?

Fliegen und gleiten

Die Natur ist sehr erfinderisch. So hat sie das Segelgleiten und Fallschirmspringen schon lange vor uns Menschen entdeckt. Der Same eines Löwenzahns etwa ist ein bekanntes Beispiel dafür. Durch seinen feinen Haarkranz wird der Luftwiderstand stark vergrößert. Statt sofort auf den Boden zu fallen, schwebt so ein Minifallschirm mit einer günstigen Brise auf und davon. Nicht ganz so bekannt, dafür noch langsamer segeln die Früchtchen der Seidenpflanze durch die Luft. An ihren Samen ist ein silbriger, fein gesponnener, flauschiger Haarschopf befestigt. Ähnlich erfinderisch sind das Federgras oder die Kuhschelle. Durch das Federgewicht ihrer Samen und der behaarten langen Grannen segeln sie wie Spinnweben in die weite Welt hinaus. Wegen ihres markanten Aussehens haben die Waldreben, Kuhschellen und ähnliche Flugkünstler einen lustigen gemeinsamen Namen bekommen: Federschweifflieger.

Natürliche Flugmodelle

Fallschirmprinzip und Federschweifflieger
- Waldrebe
- Kratzdistel
- Löwenzahn
- Pappel
- Wiesenbocksbart
- Seidenpflanze
- Federgras
- Kuhschelle

Propeller
- Ahorn
- Esche
- Linde
- Hainbuche

Gleitflieger
- Birke
- Macrozanonia

Flugsame und Federball

Was könnte als Ersatz für die flauschig leichten Haare der Pflanzen dienen? Prima eignen sich für so einen Zweck die feinen Daunenfedern, so wie wir sie von den Füllungen in Daunenjacken, Polstern, Decken oder Schlafsäcken kennen. Natürlich muss nicht gleich eine ganze Decke geopfert werden. Ein altes ausgemustertes Kissen liefert genug Federn für tausende Fallschirmspringer. Im Fachhandel für Bettdecken werden Gänsedaunenfedern auch offen verkauft. Als Same dient ein kleines Styroporkügelchen, in das die kleinen Federkiele gesteckt oder geklebt werden. Mit mehreren selbst gebastelten Federbällen am Start lassen sich spannende Wettkämpfe veranstalten. Wer der Schnellste ist, hat dabei allerdings verloren!

Drehen und schrauben

Auch der Auftrieb durch einen Propeller hat in der Natur viele Vorbilder. So rotieren die Früchte des Ahorns um die eigene Achse und erhalten so wie die Rotorblätter eines Hubschraubers Auftrieb. Ohne „Flügel" würden sie wie ein Stein zu Boden fallen, was sich mit einem schnellen Schnitt der Schere leicht beweisen lässt. Da die Samen des Ahorns relativ groß sind, ist das „Rotationsprinzip" viel wirkungsvoller, als einfach auf die Erhöhung des Luftwiderstands zu setzen.

Alles, was Flügel hat, fliegt

Um einen Fallschirm zu bauen, brauchen Sie nur eine einzige Lage eines Papiertaschentuchs und einen dünnen Faden. Vier Fäden an den Ecken befestigt und an den Enden zusammengeknüpft – fertig ist der Schirm. Als Fallschirmspringer und Schwerpunkt kann ein Sonnenblumensamen herhalten. Lustiger wird es mit rotierenden, wirbelnden Flugobjekten: Die wie ein Handkreisel zu startenden Propeller sind ein beliebtes Kinderspielzeug. Als Fallpropeller lassen sie sich leicht aus nicht zu schwerem Papier selbst basteln.

Früchte des Götterbaums:
Wer kann sie nachbauen?

Papierpropeller: An den strichlierten Linien falten, an den durchgehenden Linien schneiden.

Flugmeisterschaften: Mit den Tricks der Natur

Entwerfen, ausprobieren und experimentieren, mal etwas größer, dann doch wieder mit längeren Flügeln oder mit einer anderen Papiersorte: In der Erfinderwerkstatt rauchen die Köpfe. Die Aufgabenstellung ist so einfach wie kompliziert: Es gilt, raffinierte Flugobjekte zu entwickeln und diese dazu zu bringen, möglichst weit und gut zu fliegen, wobei natürliche Vorbilder herangezogen und ausprobiert werden dürfen und sollen. Startschuss! Von einem hoch gelegenen Punkt – z. B. einem Fenster im ersten Stock des Hauses – gehen die Modelle auf die Reise. Eine Jury kann neben der Weite des Fluges auch „Haltungsnoten" vergeben. Konstruktionen werden prämiert.

Von Tauben und Drachen

Die riesigen Flugfrüchte der tropischen Schlingpflanze Macrozanonia dienten zu Beginn des 20. Jahrhunderts als Vorbild für die berühmte Etrich-Taube. Ein Nachfahre sind die heutigen Drachenflieger. Eine Kopie des Originals lässt sich leicht nachbauen: Pausen Sie auf einen Bogen Transparentpapier einfach das Foto auf dieser Seite durch – als Samenersatz dient ein aufgeklebter Kürbissamen. Mehrere Versuche werden notwendig sein: Oft entscheiden nur Feinheiten über Absturz oder den perfekten Gleitflug. Buntes Transparentpapier ist dafür gut geeignet. Um die Flugeigenschaften noch zu verbessern, sorgt eine Büroklammer als Schwerpunkt am unteren Ende des Stiels für einen stabilen Flug.

Exzellente Gleiter: Samen der Macrozanonia.

Bunte Gleiter mit Kürbissamen.

Den Herbst an den Nagel hängen

Bunte Blätter, rote, blaue oder schwarze Früchte, bizarre Fruchtstände, fedrige Wollschöpfe – wer kann sich da schon zurückhalten? Säcke- und körbeweise werden die Herbstschätze vom Garten oder vom letzten Ausflug mit nach Hause geschleppt. In die Vase? In die Schale? An die Wand damit! Wer schon mal beim Sammeln ist, sollte gleich auch Stecken von Haselnuss oder einem anderen Baum oder Strauch mitnehmen, der halbwegs gerade Äste hat. Vier Stück davon bilden den Rahmen für ein Herbstbild – vom Fotoformat bis zur Wohnzimmerwandgröße ist alles möglich.

Einen Rahmen geben

Weil das Herbstbild nicht für die Ewigkeit gedacht ist, reichen Schnüre oder Drähte für eine einfache Verbindung aus. Trotzdem sollte der „Rahmen" stabil sein und sich in den Winkeln nicht verdrehen. Nun fehlt nur noch eine Schlaufe zum Aufhängen sowie die senkrechten und eventuell auch waagrechten Fäden, zum Beispiel aus einer reißfesten Wolle, gröberer Sisalschnur oder einer anderen Naturfaser – je nachdem, was hineingeflochten werden soll, bemessen Sie den Abstand enger oder weiter.

Es geht drunter und drüber

Fadenauf, fadenab wandert nun Stängel für Stängel und Blatt für Blatt in das Bild. Kunterbunt durcheinander, wie man's gerade erwischt, oder nach Farben und Struktur abgestimmt? Wild über den Rahmen ragend oder flach, regelmäßig und rechteckig wie ein textiles Webstück? Einfach austoben und wieder auseinandernehmen, wenn's doch nicht gefällt! Schön ist auch, wenn jedes Kind sein eigenes Kunstwerk produziert. So hat der Herbst ganz viele Seiten, wenn am Ende Bild neben Bild an der Wand hängt. Oder Sie arbeiten gleich draußen und hängen die fertigen Herbstgemälde in die Bäume, an den Zaun oder auf die Wäscheleine.

Perlenweberei

Früchte wie Vogelbeeren und Hagebutten, aber auch größere wie Kastanien werden in einem ersten Schritt dicht an dicht auf einen Faden gezogen. Bei härteren Früchten hilft ein Handbohrer zum Vorbohren, außerdem ist eine lange Nadel fürs Auffädeln notwendig. Diese Ketten sind der Faden zum Weben. Nicht ganz einfach, aber wer genug Geduld und Geschicklichkeit aufbringt, wird am Ende durch ein besonders kostbares und bezauberndes Bild belohnt.

Exquisit und raffiniert: Beerenteppich für die Wand.

Herbstteppich

Abgesehen von bunten Blättern und Früchten gibt es noch jede Menge spannender Dinge, die gesammelt werden können. Dazu gehören unterschiedliche Vogelfedern, weiche Wollreste oder schöne Schnüre und Stoffreste. Ein daraus gewebtes Bild, aufgelockert durch schmale Grashalme, Schilfblätter oder sehr dünne, biegsame Zweige ähnelt fast einem Stück Stoff oder Teppich. Sie können das Webstück daher auch vom Webrahmen schneiden und in einen passenden Bilderrahmen kleben.

Herbstteppich, gewebt aus Pflanzen, Federn und Wolle.

Das Schöne an Webbildern ist, dass sie gleich draußen vor Ort gewebt und aufgehängt werden können.

Der Herbst liefert reichlich Material

- Größere, längliche Blätter, etwa von Gräsern
- Trockene Samenstände, etwa von Doldenblütlern
- Getrocknete Getreideähren
- Fruchtstände von Rohrkolben
- Sonnenblumenköpfe mit Stängel
- Weidenruten und andere dünne, biegsame Äste
- Herbstblüten mit Stängeln: Astern, Chrysanthemen, Kugeldistel, Sonnenhut, Fetthenne
- Fruchttrauben von Vogelbeeren usw.
- Zweige mit Früchten, etwa Hagebutten, Lampionblumen, Esche oder Lärche
- Zweige mit fedrigen Fruchtständen, etwa Waldrebe
- Äste, knorrige Wurzeln
- Federn und Tierhaare
- Schwemmholz, Treibgut

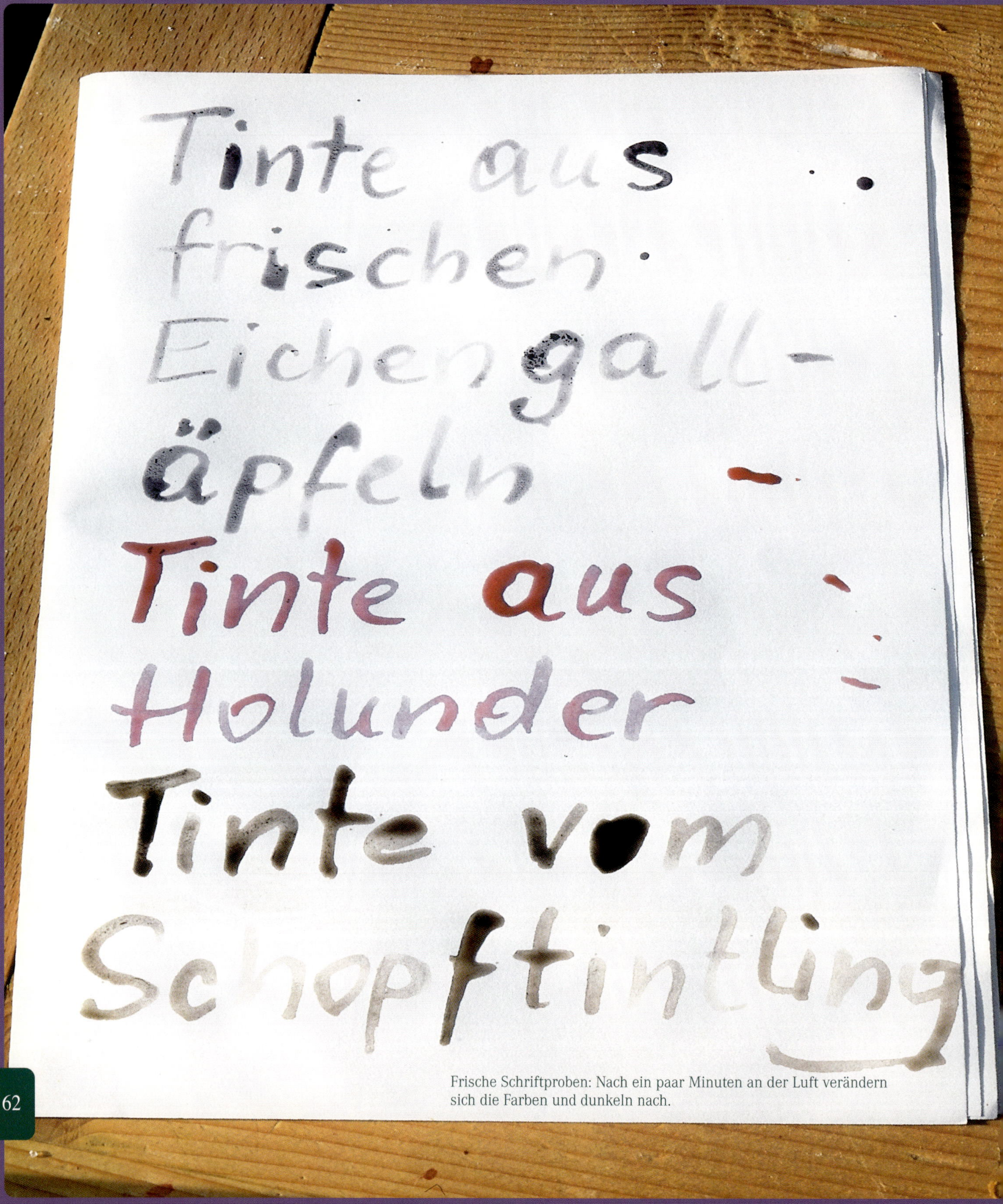

Frische Schriftproben: Nach ein paar Minuten an der Luft verändern sich die Farben und dunkeln nach.

Tinte aus eigener Produktion

Um die Herstellung von Tinte ranken sich Geschichten, Legenden und Geheimnisse. Was heute zum Massenartikel geworden ist, beschäftigte früher nicht nur Schuldiener und Händler, sondern auch Gerichtspersonen. Galt es doch, die Lichtechtheit und Langlebigkeit von schriftlichen Dokumenten zu garantieren. Einige der Mixturen aus alten Drogistenbüchern wollen wir nun weitergeben, denn der Herbst ist die beste Zeit für deren Herstellung. Jetzt wachsen die Zutaten sozusagen vor der Haustüre.

Schreiben wie Johann Sebastian Bach

Die Experimente sind wie geschaffen für's Arbeiten mit Kindern, denn sie sind es, die im alltäglichen Leben oft mit Tinte zu tun haben. Doch vielleicht bekommen auch die Erwachsenen wieder Lust, sich wie die alten Meister mit Gallustinte in Schönschrift zu üben? Mit nichts zu vergleichen ist aber das Schreibgefühl, wenn neben der eigenen Tinte auch selbst präparierte Schreibfedern zum Einsatz kommen. Von großen Schwungfedern, traditionell bevorzugt von der Gans, wird dazu das Ende des Kiels mit einem scharfen Messer schräg angeschnitten, sodass eine feine Spitze entsteht. In die Tinte eingetaucht, staunen alle, wie fein sich damit schreiben lässt.

Schopftintling

Im gut gedüngten Rasen und in der Wiese, beim Komposthaufen oder dort, wo Laub länger liegen bleibt, schießen in kleinen Gruppen weiße, schlanke Pilze hervor. Solange sie jung, rein weiß und die Hüte geschlossen sind, kann man sie essen. Der Name Spargelpilz verrät den ausgezeichneten Geschmack. Doch schon nach kurzer Zeit beginnen sich die Ränder des geöffneten Hutes nach außen aufzurollen, werden dunkel und lösen sich in einer schwarzen Flüssigkeit auf. Was in der Natur auf den Boden tropft, fängt die „Tintenfabrikation" in einem flachen Gefäß auf. Schon nach wenigen Stunden ist von dem Pilz nur mehr der Stiel übrig, der in einer schwarzen Suppe schwimmt. Gummi arabicum, ein natürliches Polysaccharid aus Akazien, ist ein gutes Bindemittel und verdickt die aus Pilzen gewonnene Tinte. Ätherisches Nelkenöl macht sie haltbarer und übertönt den nicht ganz angenehmen Geruch des aufgelösten Pilzes. Alle Zusätze gibt es in der Apotheke oder Drogerie.

Zerflossen statt vom Winde verweht

Die meisten Pilze vertrauen ihre Sporen dem Wind an. Besonders eindrucksvoll zeigen das die Boviste, die Milliarden davon auf die Reise schicken, wenn man auf sie tritt. Die Tintlinge lassen dagegen ihre Sporen zu Boden tropfen, wo sie vom Regen weggeschwemmt oder durch Pfoten, Klauen und Krabbelbeine rundum verteilt werden. Der nahrhafte Tintenbrei wird aber auch gern von Insekten gefressen, die die Sporen dann unverdaut andernorts wieder ausscheiden.

Nach wenigen Stunden ist der Schopftintling zu Tinte zerflossen.

Sambucin-Tinte

Wie der Name Eingeweihten schon verrät, ist der Holunder die Ausgangssubstanz für die heute in Vergessenheit geratene Tinte. Die Herstellung macht vielen Kindern großen Spaß: Aus 100 Teilen reifer Holunderbeeren quetschen sie mit viel Vergnügen den Saft heraus, dem laut Rezept noch fünf Teile Essig beigemengt werden müssen. Unserer Erfahrung nach darf es auch ein bisschen mehr sein, dann geht die Farbe mehr ins Blau über und wird beim Trocknen schwärzer. In einem anderen Gefäß werden in wenig heißem Wasser fünf Teile Eisen-II-sulfat (= Eisenvitriol) und zwei Teile Alaun aufgelöst und mit dem Saft der Beeren gemischt. Das Schreiben lohnt die Mühe: Die anfangs lilafarbene Tinte verfärbt sich beim Trocknen an der Luft schwarz.

Eisen-Gallus-Tinte

Kugelförmige, 2 cm große, gelbrote Gallen auf der Unterseite von Eichenblättern sind das „Werk" der Gewöhnlichen Eichengallwespe. Wegen ihres hohen Gerbstoffgehaltes wurden diese Galläpfel früher sackweise gesammelt, getrocknet, pulverisiert und damit Handel getrieben. Mit Metallsalzen wie Eisensulfat entstehen damit

Zutaten für die Sambucin-Tinte: Holunderbeeren, Eisen-II-Sulfat, Alaun und Essig.

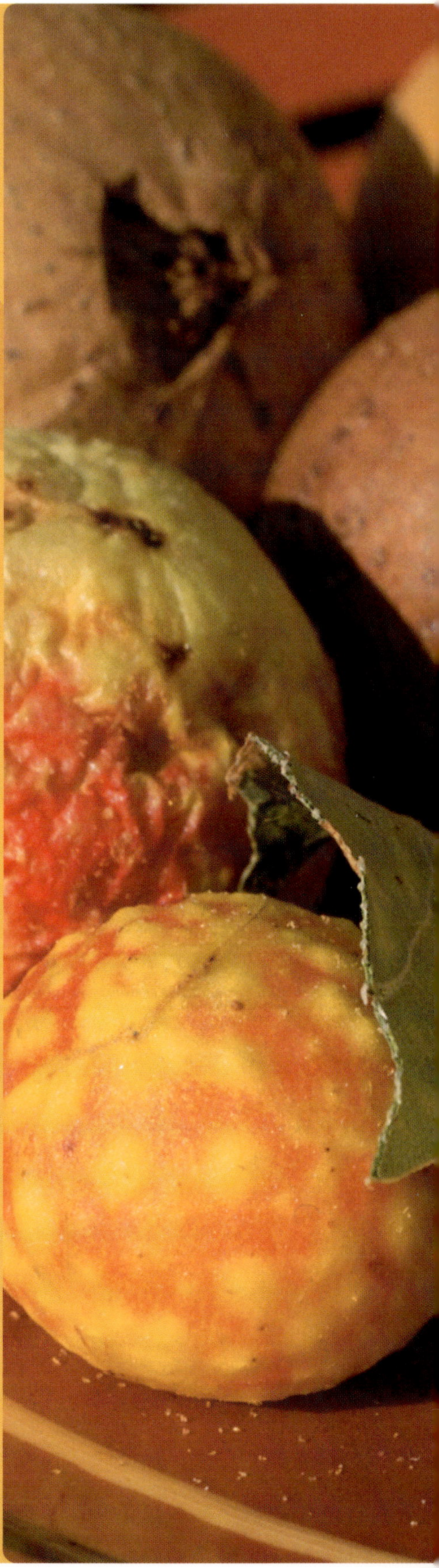

Frische und getrocknete Eichengallen: Seit Hunderten von Jahren wird daraus die haltbare Eisen-Gallus-Tinte gemacht.

Erstaunlich, wie viele verschiedene Sorten Tinte es gibt. Einige davon selbst herzustellen, ist ein spannendes Experiment mit Kindern.

in wässrigen Lösungen sehr haltbare, dunkle bis schwarze Farbtöne, die als Tinte wie zum Färben von Wolle und Textilien gleichermaßen Verwendung finden. Frische, zerkleinerte Gallen ergeben nach einer Stunde Auskochen und Abseihen eine braune Flüssigkeit, zu der soviel Eisen-II-Sulfat-Kristalle hinzugegeben werden, bis sich ein deutlicher Farbumschlag ins Schwarze zeigt. Bessere, nämlich eindeutig schwärzere Ergebnisse, erzielte bei unseren Versuchen in Wasser gelöstes Pulver aus getrockneten Galläpfeln, das eine Stunde gekocht und dann ebenfalls mit Eisen-II-Sulfat versetzt wurde. Das Schreiben ist ein Erlebnis für sich: Der Schriftzug ist anfangs blass und wässrig, dunkelt aber bei Luftkontakt nach. Je nach Menge an zugesetztem Eisensulfat geht dieser Oxidationsprozess schnell oder ganz langsam, fast wie bei einer „Geheimtinte".

Kastanien- und Juglandtinte

Auch in vielen Früchten sind Gerbstoffe enthalten, so zum Beispiel in den grünen Schalen von Kastanien und Walnüssen. Unter Zugabe von Alaun und Eisensulfat ergibt die Abkochung von Walnuss laut den alten Rezeptbüchern eine „haltbare, schön schwarze Tinte", Kastanientinte wird je nach Mischungsverhältnis rotbraun bis grau.

Knallerbsen und andere Krachmacher

Pflanzen bewegen sich nicht und geben keinen Laut von sich. Sie sind der Inbegriff von Stille, Ortstreue und Genügsamkeit. Umso spannender für Kinder, sie einmal aus der Reserve zu locken. Krabumm!!! Es knallt gehörig und die Fetzen fliegen. Eine solch explosive Urkraft hätte den Blättern, Halmen und Früchten wohl niemand zugetraut.

Keine Angst: Kein lauter Knall, sondern nur ein Sprung im Glas verschafft den Bohnen Platz.

Mit Bohnen sprengen!

Die explosive Kraft von quellenden Linsen- oder Bohnensamen ist gewaltig. Werden sie in ein kleines Gurkenglas gefüllt, mit Wasser übergossen und das Glas wieder fest verschlossen, so baut sich im Inneren bald ein großer Druck auf. Die Samen quellen, und nach ein bis zwei Tagen wird das Glas gesprengt. Um nicht in einem See aus Wasser, Bohnen und Scherben zu waten, sollten Sie das Bohnenglas vorher in eine Plastikschüssel stellen. Eine schonendere Alternative bieten verschraubbare, transparente Plastikgefäße. Weil das Material nicht spröde, sondern elastisch ist, blähen sich die leeren Shampoo-

oder Getränkeflaschen mächtig auf. Nach dem Vorquellen können die Linsen und Bohnen zu leckeren Gerichten verkocht werden.

Knallfeuer

Vielleicht ist es Ihnen auch schon einmal passiert: Eine Maroni wurde beim Anritzen vor dem Braten vergessen. Der sich im Inneren bildende Wasserdampf kann durch die dicke Maronischale nicht entweichen. Mit einem lauten Knall verabschiedet sich die Esskastanie und ihre Innereien kleben im ganzen Backofen. Nichts anderes passiert, wenn armdicke Bambusstangen ins Feuer gelegt werden. Die erhitzte und im hohlen Stängel zwischen zwei Knoten eingesperrte Luft kann nicht entweichen. Der Druck wird so groß, dass die Halme zerreißen und die Luft mit einem lauten Knall entweicht. Hatte die Bambusstange aber vorher schon einen Sprung, kann kein Druck aufgebaut werden.

Schneebeeren oder auch Knallerbsen.

Knallerbsen

Die in Parks und Gärten häufig anzutreffende Schneebeere trägt erbsenförmige, weiße Früchte. Werden sie zwischen den Fingern zerdrückt, tritt aus dem schwammartigen Gewebe Saft heraus. Fest auf den Boden geworfen oder mit den Schuhsohlen zertreten, gibt es aber einen Knall. Die plötzlich unter Druck geratene feste Fruchtwand der Beere zerreißt wie ein Luftballon.

Wer klatscht den Mohn?

In Getreidefeldern, an Bahnböschungen, am Wegesrand: Klatschmohn ist nicht gerade selten anzutreffen. Seine roten Blüten sind es auch, die Raine und Feldwege mit kräftig roten Farbtupfern schmücken. Mit den feinen Blütenblättern kann man ein schönes Experiment machen. Dazu bildet man mit Zeigefinger und Daumen einen Ring und legt darüber ein einzelnes Mohnblütenblatt. Ein schneller Schlag mit der freien, leicht gekrümmten Handfläche und ein lauter Knall, mit dem das Blütenblatt zerreißt, ist sicher.

Knallkelch

Das Leimkraut ist leicht an den weißen Blüten im aufgeblähten Kelch zu erkennen. Es wächst vorwiegend auf Wiesen und wird auch in Gärten kultiviert. Wenn Sie die abgepflückte Blüte so geschickt halten, dass der Kelch wie ein kleiner, oben dichter Luftsack fungiert, knallt es, wenn Sie damit auf den anderen Handrücken schlagen. Es braucht allerdings etwas Übung um den richtigen Dreh herauszubekommen.

Schnitzen, ritzen, blitzen

Flackernd und schön schaurig schrecken die grinsenden Kürbisgesichter mit ihren breit lachenden Mündern in der Dämmerung des Vorgartens. Nicht nur Kinder bearbeiten Herbst für Herbst ihre Kürbisse – aus den großen orangen Dingern ein Gesicht herauszuschnitzen, ist auch ein schöner Zeitvertreib für Große, und das ganz unabhängig von Halloween. Es lässt sich aber noch weit mehr mit den Riesenbeeren anstellen.

Keksausstecher als Kürbisausstecher: geht schnell und sieht gut aus.

Gestanzt

Wem beim Gesichterschnitzen beim besten Willen nichts Originelles einfallen will, der muss auf seinen selbst gestalteten Kürbis nicht verzichten. Holen Sie einfach Keksausstecher hervor, auch wenn die Zeit für die Weihnachtsbäckerei noch nicht gekommen ist. Sie eignen sich nämlich hervorragend, um Muster in einen Kürbis zu schnitzen. Für kleine Kinder ist das eine gute Alternative, denn das Hantieren mit dem Messer ist bei harten und dicken Schalen, wie sie manche Kürbissorten haben, ziemlich gefährlich. Das Aushöhlen, Entfernen der Kerne und Glattschaben der Innenwand macht ohnehin genug Arbeit. Dabei und beim Aussuchen und Einstechen der Keksformen sind kleine Hände goldrichtig. Lassen sie sich nicht vollständig mit der Hand hineindrücken, hilft ein wenig Nachklopfen mit einem Holzstück oder einem Gummihammer. Die Keksformen können auch im Kürbis stecken bleiben, denn die dünne Metallumrahmung sieht hübsch aus und hält das „Schmuckloch" auch noch in Form, wenn der Kürbis nach ein paar Tagen zusehends zu verschrumpeln beginnt.

Geritzt

Kein Kürbis gleicht dem anderen, und schon gar nicht, wenn er einmal unters Messer gekommen ist. Besonders edel wirken solche, bei denen nur die äußere Schale angeritzt wurde, statt durchgehende Löcher bis in das Innere zu bohren. Durch die dünne Fruchtwand schimmert das Kerzenlicht aus dem Kürbis heraus sanft durch, je tiefer die Ritzen, desto heller. Linolmesser oder Schnitzwerkzeug sind

Im Frühsommer geschnitten, im Herbst zur Ernte beschriftet.

die praktischsten Werkzeuge hierfür: Ohne viel Kraftaufwand heben sie die Schale des Kürbisses in dünnen Furchen oder kleinen Flächen ab. So entstehen gestreifte, schachbrettartig karierte, getupfte oder mit verschlungenen Linien und orientalischen Mustern verzierte Kugellampen, die von innen her geheimnisvoll leuchten.

Geschrieben

Im Herbst ist es dafür schon zu spät, aber Sie können sich Omas Kürbistrick ja schon einmal für das nächste Jahr vornehmen: Solange die Kürbisse noch jung und weich, aber schon einigermaßen groß sind, ritzte man mit einem Nagel die Namen aller Familienmitglieder ein. Die Früchte wachsen weiter, werden dicker und länger, und mit ihnen der langsam vernarbende Schriftzug oder auch das eingeritzte Gesicht. Wenn gärtnerisch nichts mehr dazwischenkommt, können die kugelrunden Visitenkarten jetzt im Herbst an ihre Namenspaten ausgeteilt werden.

Gespenstisch

Und jetzt zum Höhepunkt für alle Halloweenfreunde: Kürbisschnitzen da, Silbersprüher, kleine Vulkane und Krachmacher dort? Zu kompliziert, haben die Kinder befunden, und einfach einen Funkenregen in das Kürbisinnere gezaubert. Bei den Nasenlöchern, Augen und Ohren kamen sie heraus, und gegen den sprühenden, Feuer spuckenden Kopf haben die „still" leuchtenden gar nicht mehr so gruselig ausgeschaut. Der ultimative Höhepunkt auf jeder Halloweenparty!

Halloween, wie es Kinder mögen: wild und laut.

Pflanzen unter Druck

Keksformen als Stempelschablone.

Ohne viel Aufwand entstehen mit verschiedenen Stempeldrucktechniken im Eiltempo Gesichter, Muster und Bilder. Schneller als Stempeln geht nur noch kopieren. Mit etwas verfeinerten Druckmethoden werden daraus bezaubernde und manchmal auch überraschende Muster. Originell bedruckte Karten, T-Shirts oder Geschenkpapiere: Alles aus eigener Produktion und in limitierter Stückzahl.

Kipferl und Sterne statt Kartoffelsalat

Dass sich aus Kartoffeln mit einem Küchen- oder Taschenmesser lustige Stempel schnitzen lassen, ist kein Geheimnis. Je nach Knollengröße werden Gesichter, Tiere oder Blumen aus dem weichen Gewebe herausgearbeitet. Mit bunten Wasserfarben bemalt, kann nun auf alles Mögliche gestempelt werden. Etwas mehr Geschick braucht es nur, um geschwungene, runde Formen herauszuschälen. Dafür sind Weihnachtskeks-Ausstecher bestens geeignet. Die Formen werden einfach etwa einen Finger breit in die halbierte Kartoffel hineingedrückt und dann die äußeren Ränder mit einem Messer weggeschnitten. Und schon ist er fertig: der perfekte Stempel.

Textilfarben

Tauschen Sie die Wasserfarben gegen waschfeste Stofffarben, und einem selbst bedruckten Muster auf einer Einkaufstasche, einem Tuch oder auch auf einem T-Shirt steht nichts mehr im Wege. Als persönliches Erinnerungsgeschenk für eine Geburtstagsparty eignen sich selbst bedruckte T-Shirts, die jeder Gast mit nach Hause nehmen darf.

Zu schade für die Küche

Alle Teile einer Pflanze können als Stempel verwendet werden. Manchmal fallen schön gemusterte Strukturen beim Durchschneiden von Stängeln auf. Ein Querschnitt durch eine Zwiebel oder Stangensellerie, eine Kohlsprosse oder einen Pilz zeigt beispielsweise ein interessantes Netzwerk aus feinen Linien. Das beste Materiallager für einen Gemüsedruck findet sich in der Vorratskammer. Ein Schnitt durch eine rote Zwiebel, und es wird klar, dass sie eigentlich zu schade für die Suppe ist. Die konzentrischen Kreise ergeben ein originelles Schichtmuster. Auch ein nicht zu saftiger Paprika oder halbierte Äpfel eignen sich hervorragend für den Pflanzendruck.

Sterne aus Früchten

Warum mühsam Sterne schnitzen, wenn sie auf Bäumen wachsen? Die tropische Sternfrucht oder Karambole ist eine auffallende Erscheinung, duftet angenehm und schmeckt säuerlich. Für den Druck sind die härteren, unreifen und noch grünlichen Früchte besser geeignet als die reifen, gelben. Beginnen Sie mit dem Abschneiden der Scheibchen an einem Ende der Frucht. Anfangs sind die Sterne noch klein, sie werden bei jedem Anschnitt etwas größer. Mit drei oder vier Früchten können Sie also ein Sterne-Set von klein bis groß herstellen. Nach dem Abtupfen der feuchten, saftigen Schnittfläche mit Küchenpapier lässt sich die Farbe besser auftragen.

Zwiebelmuster und Selleriestempel: So wird die Küche zur Druckerei.

Aus fünf mach zehn: doppelt gestempelt.

Blitzpulver Bärlapp

Farnen und Bärlappgewächsen sagt man im Volksmund magische Fähigkeiten nach. Seit Urzeiten gehörten die beiden Waldpflanzen zur Standardausrüstung von Zauberern, Alchemisten, Hexen und Wunderheilern. Altertümliche Namen wie Hexenmehl deuten darauf hin, dass bei dem gelben oder braunen Pulver, welches aus den Zauberpflanzen gewonnen wird, etwas nicht mit rechten Dingen zugeht. Und tatsächlich haben die Pflanzen besondere Eigenschaften, wie das im Folgenden beschriebene aufregende Experiment zeigt.

Potzblitz, das Wundermittel

Bärlappsporen im Wald zu ernten ist ein mühsames und schwieriges Unterfangen. Die Pflanzen sind zum einen schon recht selten geworden, doch selbst wenn Sie ein Exemplar gefunden haben, können Sie nicht sicher sein, dass es gerade Sporen trägt. Bärlappsporen gibt es aber bequemer auch in der Apotheke oder Drogerie zu kaufen.
Eine gute Alternative sind die Sporen des Wurmfarns, die reichlicher zur Verfügung stehen. Dazu schneidet man im Frühsommer, noch bevor die Sporenbehälter aufplatzen und alles Pulver zu Boden fällt, die Farnwedel ab. Durch Reiben an der Blattunterseite lässt sich leicht feststellen, ob geerntet werden kann. Färben sich die Hände leicht braun, so sind die Sporenbehälter reif. Die Farnwedel legt man an einem trockenen, windstillen Ort mit der Unterseite auf ein Stück Zeitungspapier. Nach etwa einer Woche sind die meisten Sporen aus den Kapseln gefallen. Durch Zusammenfalten der Zeitung sammeln sich alle Sporen in der Mitte im Falz und können so leicht in ein Fläschchen oder eine Dose gefüllt werden. Manche Farnarten wie der Adlerfarn sind giftig und dürfen für diesen Versuch nicht benutzt werden.

Ein Feuerball ohne Knall

Von diesem Experiment, das Sie am besten im Freien durchführen, werden Ihre Kinder begeistert sein. Sie brauchen dazu Bärlappsporen, eine Kerze und eine Pipette. Nehmen Sie mit der Pipette etwa eine Messerspitze voll Sporenpulver auf. Durch schnelles Zusammenquetschen des kleinen Gummiballs am oberen Ende der Pipette werden die Sporen in einer Wolke wieder herausgepustet. Kommen sie mit einer Kerzenflamme in Berührung, so entzünden sich die winzigen Sporen in einem grellen, hellen Feuerball. Auch mit einem Strohhalm lässt sich eine kleine Menge aufnehmen und in die Flamme blasen. Ein Sicherheitsabstand zur Flamme sollte unbedingt eingehalten werden. Bärlappsporen sind heute noch bei Zauberern beliebt und daher gelegentlich auch in Läden für Zaubereibedarf zu erstehen.

Je kleiner, desto …

Dass Bärlappsporen derart explosionsartig verbrennen hängt mit ihrer geringen Größe zusammen. Sie sind zwar nur wenige Tausendstel Millimeter groß, in Summe haben die vielen Hunderttausend Sporen aber eine riesige Oberfläche und entzünden sich alle nahezu zeitgleich. Ein imposanter und heller Blitz entsteht. Nichts anderes passiert bei den gefürchteten Staubexplosionen. Bärlapppulver wurde in den Anfängen der Fotografie tatsächlich eingesetzt, um Blitzlicht zu erzeugen.

Mittel der Zauberer und Hexen: Bärlappsporen.

Laternen, Lichter, Lampions

Nicht nur Kinder lieben die orangefarbenen Früchte der Lampionsblumen, die an chinesische Papierlaternen erinnern. Es gibt eine Menge schöner Dinge, die sich mit den Lampions anstellen lassen und die wunderbar zur herbstlichen Jahreszeit passen. Gerade im Nebelmonat November sind kräftige, fröhliche Farben im Haus willkommen.

Trocknen lassen

Mit dem Kopf nach unten aufgehängt, trocknen die abgeschnittenen Pflanzen samt der daran hängenden Lampions. Die saftigen Beeren im Inneren der Kelche schrumpfen dabei langsam wie Dörrpflaumen zusammen. Ein feuchter, muffiger Platz ist zum Trocknen deshalb ungünstig, denn sie könnten hier faulen oder schimmeln. An der Sonne bleichen Lampionsblumen langsam aus. An einem dunklen Ort behalten sie beim Trocknen ihre knallige orangene Farbe länger. Früh im Herbst sind einige Lampions am Stiel noch grün, während andere schon orangerot leuchten. Bei manchen Basteleien machen sich gerade diese Farbabstufungen von Grün über Gelb und Orange bis zu einem tiefen Rot besonders schön.

Herbstfenster

Aus Lampionsblumen kann man eine wunderschöne Fensterdekoration basteln. Ein Haselstecken oder irgendein anderer gerader Ast dient dabei als „Vorhangstange". An diesem werden nun mehrere dünne Fäden mit daran befestigten Lampionsblumen gehängt, sodass eine Art Vorhang entsteht. Es gibt viele reizvolle Varianten: Verwenden Sie viele Farbschattierungen von grün bis rot oder auch nur die orangeroten Lampions und variieren Sie die Länge der Fäden. Wie auch immer Sie gestalten, das Befestigen der Lampions am Faden erfordert viel Fingerspitzengefühl. Am besten

Als würden sie von selbst leuchten: Lampionsblumen am herbstlichen Fenster.

In verschiedenen Reifestadien geerntet gibt es Lampionblumen von grün bis rot.

geht es mit einer dünnen und vor allem langen Nadel, mit der die Lampions der Länge nach durchstochen und aufgefädelt werden. Ein fester Knoten um den dünnen Stiel sorgt dafür, dass die Früchtchen auch an ihrem jeweiligen Platz am Faden bleiben und nicht nach unten rutschen.

Wiederbelebung

Nach dem Trocknen werden die zarten Hüllen der Lampions spröde und brüchig. Damit sie beim Basteln weniger leicht brechen hilft es, sie für etwa zehn Sekunden über einen Topf mit kochendem Wasser zu halten. Der aufsteigende Dampf befeuchtet die Hülle und macht sie wieder geschmeidig.

Winterfenster

Lampionblumen heißen nicht nur so, mit ihnen kann man auch prima eine elektrische Lichterkette verschönern: Jedes Leuchtbirnchen bekommt dafür sein eigenes kleines Lampenschirmchen. Dazu müssen Sie nahe beim Stiel ein kleines Loch in die Lampions stechen und das Lämpchen hier von oben einstecken. Hält es nicht von selbst, hat sich ein durchsichtiger Klebestreifen um den dünnen Stiel des Lampions und die Lämpchenfassung bewährt. Die dann von innen heraus leuchtenden Lampions sind ein umwerfender Anblick. Besonders zauberhaft wird der Lichtervorhang, wenn nur jedes zweite Lämpchen einen Lampion bekommt. Beachten Sie in jedem Fall die Warnungen der Hersteller, allen voran den, dass elektrische Lichterketten niemals unbeaufsichtigt brennen dürfen.

So stecken Sie das Lämpchen in den Lampenschirm.

Winteratelier

Ein Wintertag ist alles andere als langweilig. Statt gebacken können Kekse auch gefroren werden, das Gras wächst jetzt auf Strumpf-Köpfen besser als im Garten und dass Schnee brennen kann, ist schon lange kein Geheimnis mehr. Mit spannenden Experimenten macht der Garten auch im Winter keine Pause.

Die Kerzen blühen

Gepresste Blüten und Blätter sind besonders dann gefragt, wenn sie im Garten schon längst verschwunden sind. Gut also für jene, die sich rechtzeitig einen kleinen Vorrat angelegt haben. Wer das versäumt hat, kann aber im Bastelgeschäft stöbern, denn dort gibt es kleine Sets mit verschiedenen Blüten, Farnwedeln und Blättchen zu kaufen. Meist wurde bei den Farben etwas nachgeholfen, vor allem die Blätter sind häufig intensiv nachgefärbt, sodass die „Eigenproduktion“ dagegen richtig blass wirkt. Selbst gemacht oder gekauft: Was nun noch fehlt, sind Kerzen und ein Kaffeelöffel.

Auswahl treffen

Bevor die Blüten auf die Kerze geklebt werden, ist ein wenig Sortieren und Probieren ratsam. Welche passen in Farbe und Größe zusammen, sollen sie regelmäßig verteilt oder zu einem kleinen Blumenstrauß arrangiert werden? Zum Ausprobieren lassen sich die hauchdünnen, zerbrechlichen Blütenblättchen und Stängelchen mithilfe einer Pinzette probeweise auf einem Blatt Papier auslegen und vorsichtig verschieben. Kinder lieben es meist kunterbunt, Erwachsene legen mehr Wert aufs Arrangement.

Arbeitsgerät Kaffeelöffel

Der nächste Schritt ist, einen kleinen Löffel auf die richtige Temperatur zu bringen. Das geht zum Beispiel gut auf einer mobilen elektrischen Kochplatte. Kerzenflammen, obwohl natürlich naheliegend, scheiden zum Aufheizen des Löffels aus, da sie zu stark rußen. Jetzt legen Sie vorsichtig eine getrocknete Blüte auf die Kerze und pressen diese sanft mit dem erhitzen Löffel an. Dabei schmilzt das Wachs unter der Blüte leicht und schon klebt sie. Bei großen Blumen braucht es mehrere Schmelzpunkte, bis alle Teile flach ins Wachs eingebettet sind. Es hat sich beim Arbeiten bewährt, stets mehrere Löffel warm zu halten. Ist einer schon zu stark ausgekühlt (und das geht schnell!), kommt der nächste dran. Außerdem macht das gemeinsame Arbeiten Spaß, da braucht man ohnehin mehrere „Arbeitsgeräte“ und viele helfende Hände.

Der heiße Löffel schmilzt das Wachs an, und schon klebt die Blüte.

Überguss zum Schluss

Blütchen um Blütchen wandert nun auf die Kerze. Soll sie auf allen Seiten beklebt werden, ist ein wenig Feingefühl nötig, um die schon aufgeklebten Blüten beim Halten der Kerze nicht zu zerstören. Vor allem Kinder vergessen gerne darauf zu achten und machen so unabsichtlich ihr eigenes Werk wieder zunichte. Löst sich ein Blütenblatt wieder aus dem Wachs, kann es nochmals fixiert werden. Es macht aber nichts, wenn vorwitzige Pflanzenteilchen ein wenig abstehen und sich nicht alles glatt bügeln lässt: Zum Abschluss wird die ganze Kerze in flüssiges Wachs getaucht, das zuvor im Wasserbad geschmolzen wurde. Ein hohes, nicht zu breites Gefäß, etwa eine Konservendose, hat sich zum Schmelzen bewährt, denn so brauchen Sie weniger Wachs, um die Kerze ganz einzutauchen. Danach liegen auch die letzten widerspenstigen Blüten schön flach unter einer dünnen, schützenden Wachsschicht. Der Docht bietet sich beim Eintauchen zum Halten an – einige wenige Sekunden im heißen Wachs sind ausreichend. Nach dem Trocknen ist die Blumenkerze fertig.

Fantasie gefragt

Nicht nur mit Blüten und gepressten Blättern kann man eine Kerze verzieren. Auch bunte Papierschnipsel, Grashalme, ausgeschnittene Buchstaben, schöne Vogelfedern oder kleine Zeichnungen lassen sich, wenn sie dünn genug sind, mit der Löffeltechnik auf das Wachs aufbringen. Wer einmal Spaß daran gefunden hat, wird bald so viele tolle, einzigartige Kerzen haben, dass er so manche verschenken kann.

Auch skelettierte Blätter und viele andere flache Objekte lassen sich auf Kerzen aufbringen.

Kalte Kekse: frieren statt backen

Kalte Kekse: Frieren statt Backen! Im Dezember beginnt die Zeit der gemütlichen Weihnachtsbäckerei und es wird allerhöchste Zeit, die Keksausstecher hervorzukramen. Neben den üblichen Sternen, Tannen und Kometen sind auch lustige, neue Formen auf dem Markt: Krebse, Giraffen und allerlei exotische Figuren. Diese Formen lassen sich natürlich auch wunderbar zweckentfremden. Kälte und Frost backen die schönsten Eiskekse, die auf den kahlen Zweigen der Büsche im Garten besonders gut zur Geltung kommen. Und wenn das Wetter mitspielt, bleibt der frostige Schmuck noch lange hängen.

Rein!

Füllen Sie zunächst ein flaches, größeres Gefäß so hoch mit Wasser, dass es genau bis zum Rand der dicht an dicht hineingelegten Keksformen reicht. Zum Aufhängen fehlen nun noch Schlaufen, die am oberen Ende in die wassergefüllten Formen eingelegt werden und mit einfrieren sollen. Steifer Draht eignet sich besser als Schnur, die sich beim Einfrieren aufbiegt und verrutschen kann. Nun wandert alles sehr, sehr vorsichtig in die Tiefkühltruhe oder ins Tiefkühlfach. Ein letzter Kontrollblick, dann schließt sich die Tür hinter den Formen. Auch im Freien friert die Platte mit den Keksen bei frostigen Temperaturen von einigen Minusgraden ganz durch.

Raus!

Wenn das Wasser vollständig gefroren ist – das passiert am besten über Nacht – lassen sich die Kekse in ihren Formen leicht aus der Eisplatte herausdrücken. Ein wenig warmes Wasser hilft, wenn das Eis nicht gleich aus der

Frisch „gebackene“ Eiskekse.

Nichts fürs Weihnachtstauwetter: Eiskekse halten sich nur in der Kälte frisch.

Keksform will. Und nun schnell hinaus in den Garten, bevor die kalten Schmuckstücke im Haus zu schmelzen beginnen! Nun kommt das Schönste: Die Eiskekse werden überall im Garten verteilt, am besten natürlich dort, wo man sie vom Haus aus gut sehen kann – an einem Strauch, an der Fichte, am Zaun, neben der Terrasse. Im Gegenlicht und bei untergehender Sonne verwandeln sie sich zu glitzernden Juwelen, besonders wenn die vielen eingeschlossenen Luftbläschen aufleuchten.

Eiskugeln, Eistränen, Eisherzen

Kreativen Köpfen reicht das Backen von Eiskeksen allein natürlich nicht. Alles was in Haus und Garten zu finden ist, wird eingefroren. Besonders gut eignen sich Bastel-Gießformen aus Kunststoff, die es in allen erdenklichen Formen gibt. Es macht Spaß, mit verschiedenen Materialien zu experimentieren, und immer wieder Neues auszuprobieren. Wie sehen die letzten Vogelbeeren eingefroren im Eis aus? Wie macht sich eigentlich Lametta im Eis? Bunte Wollfäden, Samen, Murmeln, Glasmosaiksteine und vieles mehr wandert mit in die Tiefkühltruhe. Eine lustige Variante ist auch buntes Eis, das mit Wasserfarben oder Lebensmittelfarben eingefärbt wird. Mit einem wasserdichten Boden aus Plastilin, in den die Keksformen hineingedrückt werden, lässt sich jede einzelne Form mit einer anderen Farbe befüllen.

Was im Garten zu finden ist, wird eingefroren, und wenn es die ersten Blüten sind, die sich gegen Ende des Winters hervorwagen.

Grasköpfe und andere Geschöpfe

Mit Puppen lässt sich einiges anstellen. Ebenso mit Pflanzen. Zusammen sind beide allerdings unschlagbar. Puppenköpfe, denen grüne Haare wachsen, sind lebendig, verändern sich und müssen natürlich zum Frisör, wenn ihnen die Haare zu Berge stehen. Dort bekommen sie dann eine coole Frisur verpasst. Versammeln sich erst mehrere Grasköpfe auf der Fensterbank, lohnt es sich schon, einen kleinen Frisörsalon aufzumachen.

Alte Strümpfe neu gefüllt

Die Materialien für Grasköpfe finden sich in jedem Haushalt: Ausgemusterte alte Socken oder löchrige Strumpfhosen sind dafür bestens geeignet. Kariert, gestreift, gepunktet oder geringelt: je bunter die Socken, desto poppiger werden die Gesichter. Als Füllmaterial eignen sich Perlit, Kokosfasern, Ziegelsplitt, Seramis oder ähnliche Erdersatzstoffe. Den Strumpf mit gewöhnlicher Erde zu füllen ist keine gute Idee. Sie hinterlässt hässliche, braune Flecken und macht aus einem kerngesunden frischrosa Strumpfgesicht bald einen Fall für die Puppenklinik. Als erstes füllen Sie ein bis zwei Esslöffel Rasensamen in den Strumpf. Nun wird der Puppenkopf mit dem gewünschten Füllmaterial gestopft und geformt, bis daraus eine ovale bis runde, feste Kugel wird. Bevor Sie den Kopf am unteren Ende mit einem Spagat zusammenbinden, kommt noch eine dicke Hanfschnur als Docht hinein.

Freiluftfrisörladen: So macht Rasen mähen auch im Winter Spaß.

Puppenwerkstatt Graskopf: Strümpfe, Bindfaden, Hanfschnur (Docht), Füllmaterial, Grassamen, Moosgummi.

Graszopf am Glatzkopf

Mit Hilfe einer Schere lässt sich aus weichen, bunten Moosgummimatten ein Gesicht für den Graskopf basteln. Kinder haben oft keine so genaue Vorstellung und schnippeln einfach darauflos, dafür sind die Gesichter oft lustiger und origineller als die der Erwachsenen. Mit Stecknadeln lassen sich Augen, Nase, Mund und Ohren einfach auf der weichen Strumpfkugel fixieren. Der fertige Kopf wird anschließend in ein Gefäß mit verengtem Hals gestellt, aus dem der Docht das Wasser nach oben saugt und die Kugel schön feucht hält. Zusätzlich kann die Glatze noch mit einem Zerstäuber besprüht werden, sodass auch von oben Feuchtigkeit in die Haarwurzeln eindringt. Nach etwa einer Woche spitzeln die ersten Halme durch den Strumpf.

Je häufiger der Schnitt, umso dichter das Haar.

Früh übt sich ...

Es macht Kindern Spaß, Dinge zu verändern. Das trifft auch auf ihre große Lust am Haareschneiden zu, die sie nun endlich ausleben dürfen. Seitlich kurz und oben lang oder doch ein Bürstenhaarschnitt? Wenn der Schnitt misslingt, ist das nicht weiter schlimm. Lassen Sie einfach Gras über die Sache wachsen. Nach etwa zwei Wochen kann ein neuer Versuch gestartet werden.

Kressetopf und Eierkopf

Eierschalengesichter sehen lustig aus. Am Beginn steht ein ausgiebiges Frühstück mit weichgekochten Eiern. Sie müssen behutsam ausgelöffelt werden, damit die Schale rundum heil bleibt. Mit Knetwachs formt man nun Augen, Nase und Mund, klebt diese auf die Schale – fertig ist das Gesicht. Damit der Eierkopf nicht umfällt, dient ein größerer Wachsring als Ständer. Mit wenig Watte, Serviettenschnipseln oder einem Stück Papiertaschentuch stopft man nun vorsichtig das Ei aus und feuchtet das Füllmaterial an. Darauf werden dann die Haare gesät, ein bis zwei Teelöffel Kressesamen reichen. Vorsicht mit dem Gießen, denn das Ei hat keinen Ablauf. Schon nach wenigen Tagen geht die Saat auf. Aus der anfänglichen Kurzhaarfrisur werden schon bald „lange Federn". Die Kressehaare können nur einmal geschnitten werden, denn der Stängel allein wächst ohne Keimspitze nicht mehr weiter. Doch eine neue Saat auf frischem Löschpapier in einem neuen Eierkopf lässt schon bald wieder Haare sprießen. Für eine ganze Eierkopffamilie kann man auch unterschiedlich große Eierschalen verwenden. Vom Wachtel- bis zum Straußenei, vom Winzling bis zum Riesen, auf dem Butterbrot schmecken die Haare der ganzen Familie gleich.

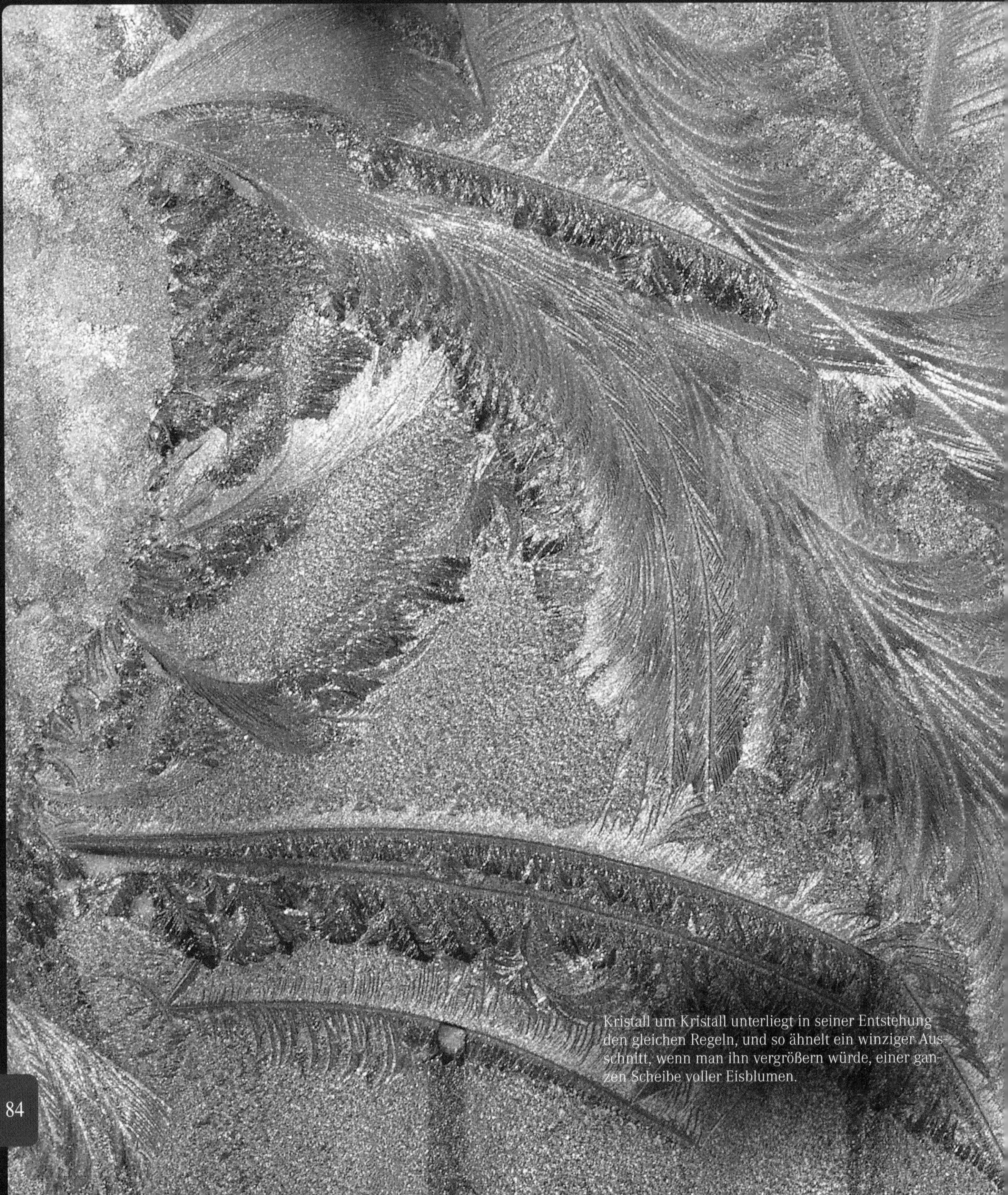

Kristall um Kristall unterliegt in seiner Entstehung den gleichen Regeln, und so ähnelt ein winziger Ausschnitt, wenn man ihn vergrößern würde, einer ganzen Scheibe voller Eisblumen.

Eisblumen züchten

Diese Gattung scheint im Aussterben begriffen zu sein: Gut isolierende Fenster, Tag und Nacht geheizte Wohnungen und ungewöhnlich hohe Wintertemperaturen haben die Eisblumen auf die Rote Liste der gefährdeten Arten gebracht. Doch zum Glück sind sie einfach zu züchten. Alles, was man braucht, sind ein paar Grad unter Null und ein langer Atem.

Ausgeblüht?

Viele ältere Menschen kennen Eisblumen an den Zimmerfenstern noch aus ihren Kindheitstagen. Bei Temperaturen unter dem Gefrierpunkt bildeten sich auf den dünnen Glasscheiben die faszinierenden, einzigartigen Strukturen. Die Luftfeuchtigkeit im Inneren muss dafür aber hoch genug sein, doch in zentralgeheizten Räumen hat man es stets mit zu trockener Luft zu tun. Ideal für die eigene Eisblumenzucht sind alte, einfach verglaste Fenster mit geringer Wärmedämmung, die womöglich auch noch schlecht schließen. Wenn schon die Wohnung diesbezüglich nichts „taugt", so bietet vielleicht das Gartenhäuschen einen idealen Nährboden für die heute seltene Pflanzenspezies.

Zu Kristallen gefrieren

Wie aber entstehen Eisblumen? Kalte Luft kann weniger Wasserdampf aufnehmen als warme. Kühlt ein Zimmer zum Beispiel während der Nacht langsam aus, so wird auch immer mehr Luftfeuchtigkeit „frei", die am kalten Fensterglas zu Tröpfchen kondensiert oder bei Minusgraden auch sofort an der Scheibe gefrieren kann. Physikalisch gesehen, handelt es sich hierbei um Resublimierung: Das Wasser geht direkt vom gasförmigen in den festen Zustand über, ohne dazwischen flüssig zu werden. Kristall wächst neben Kristall, dabei entstehen bezaubernde Muster, die manchmal an fantastische Blumen, dann wieder an Federn oder Farnwedel oder an seltsam verwachsene Schneeflocken erinnern. Besonders schön sehen sie im Gegenlicht aus.

Und raus geht's!

Eine einfache, dünne Glasscheibe in einem alten Fenster und warme Kleidung, das ist alles, was Eisblumenzüchter für ihre Arbeit brauchen. Je tiefer die Temperaturen unter den Gefrierpunkt sinken, desto schneller und leichter stellen sich Züchtungserfolge ein. Die Feuchtigkeit der Atemluft gefriert dann sofort nach dem Anhauchen – langsam zum Zuschauen – auf der Scheibe. Bei wiederholter Zufuhr von feuchter Luft wachsen die Eisblumen weiter und weiter. Eine andere Möglichkeit ist, das Glas mit einem feuchten Tuch abzuwischen. In beiden Fällen hilft ein leichtes Schwenken in der kalten Luft, wenn es nicht gleich klappt.

Schmutz hilft!

Wer seine Fenster allzu sauber hält, wird kein Glück mit den Eisblumen haben. Denn beim Abkühlen der Luft entstehen die ersten Kristalle auf der glatten Scheibe an winzigen Strukturen wie Staubkörnern. Auch bei Flugreisen lässt sich das beobachten: Die ersten Eiskristalle an den Fenstern bilden sich entlang von Kratzern in der Scheibe. Daher gleicht auch keine Eisblume der anderen, Schmutz und Staub sind sozusagen auf jeder Scheibe einzigartig.

Feuer und Eis

Wenn sich draußen eine dicke Schneedecke über die Erde legt und der Himmel grau eingetrübt ist, gibt es im Garten nur wenig zu tun – die beste Gelegenheit, sich mit spannenden Experimenten die Zeit zu vertreiben und naturwissenschaftliche Erkenntnisse spielerisch und ganz nebenbei selbst in Erfahrung zu bringen. Junge AlchemistInnen sollten jedoch nur unter Anleitung und mit der Hilfe alter, erfahrener Hasen experimentieren.

Es tut sich was!

Eigene Versuche verbinden wertvolle Erkenntnisse mit viel „Action". Knochentrockene Theorie und abstraktes Wissen nimmt als Krachen, Blubbern und Färben sicht-, hör- und greifbar Gestalt und Form an. Zwar verbindet man Experimente im Allgemeinen vor allem mit Chemie und Physik, doch gibt es auch im stillen Reich der Pflanzen ganz erstaunliche Dinge zu entdecken.

Kann Schnee brennen?

Alles, was für dieses Experiment benötigt wird, sind Eis oder Schnee und Kampferpulver.

Echter Kampfer wird aus der Rinde des Kampferbaumes gewonnen. Es handelt sich um ein weißes, kristallines Pulver, das einen typischen Geruch verströmt und in der Medizin, aber auch für Kosmetika in Salben, Hustensäften, Badezusätzen und Duftölen verwendet wird. Apotheken verkaufen meist nur ein synthetisches Kampferpulver, das aber für unseren Versuch genauso gut geeignet ist. Und statt Schnee kann man auch Eiswürfel aus dem Gefrierschrank verwenden.

Fackel aus Eis

Auf einen frisch geformten Schneeball, der auf eine feuerfeste Unterlage gelegt wird, streuen wir etwas Kampferpulver und entzünden es mit einem Feuerzeug oder Streichholz. Sogleich schlagen die Flammen munter hoch und es verbreitet sich ein angenehmer Geruch. Da das Pulver die gleiche Farbe wie der Schnee hat, sieht es so aus, als würde der Schneeball brennen. In Wirklichkeit enthält die Rinde des Kampferbaumes viel Harz und ätherische Öle. Da das Pulver aus dieser Rinde gewonnen wird, ist es deswegen leicht entzündlich.

Brennender Dornbusch

Die biblische Geschichte von Moses und dem brennenden Dornbusch ist hochinteressant. Ein Gewächs, das von selbst in Flammen aufgeht? Tatsächlich gibt es Pflanzen, die einen sehr hohen Anteil an ätherischen und leicht entflammbaren Ölen enthalten. So hüllt sich der heimische Diptam, besonders an sehr heißen Tagen, in einer Wolke aus Zitrusduft ein. Ein Funken, und der Diptam steht für den Bruchteil von Sekunden in Flammen. Durch die blitzartige Verbrennung ist dieser Feuerball unbedenklich. Dass Zitrusöl gut brennt, ist durch einen einfachen Versuch leicht zu zeigen. Werden Mandarinenschalen nahe einer Kerzenflamme geknickt, entzündet sich das herausspritzende Zitrusöl.

Was hier brennt ist der Kampfer, nicht der Schnee.

Kerzen aus Nüssen und Orangen

Für Orangenschalenkerzen eignet sich Wachs in warmen Farbtönen.

Der Garten hält seinen Winterschlaf und die Dämmerung bricht schon früh herein. Statt wie gewohnt den Lichtschalter umzulegen und sich dem nüchternen elektrischen Licht auszusetzen, sind Kerzen eine gemütliche Alternative. Noch mehr Freude machen Kerzen aus der eigenen Werkstatt. Ob aus Wachsresten, Paraffin oder edlem Bienenwachs, das Einschmelzen der Farben und Formen und das Erstarren und Erkalten sind spannende Prozesse, denen Kinder kaum widerstehen können. Wenn Sie einige Grundregeln des Kerzenmachens beherzigen, werden schon die ersten selbst gegossenen Kerzen ein voller Erfolg. Kinder sollten aber nie ohne Erwachsene werken; im Grunde jedoch ist der Umgang mit heißem Wachs nicht gefährlicher, als eine Suppe zu kochen.

Welches Wachs?

Sowohl künstliches, billigeres Paraffin als auch natürliches, angenehm nach Honig duftendes Bienenwachs eignen sich zum Kerzengießen. Im Handel ist Wachs in kleinen Linsen als Granulat oder in Blöcken erhältlich. Die großen Stücke lassen sich zwar mit einem Messer teilen, sind jedoch etwas umständlicher zu portionieren. Die natürliche Alternative zu Paraffin ist Bienenwachs, das in seiner reinen Form weißlich ist und das seine schöne Bernsteinfarbe dem Pollenöl verdankt. Älteres Bienenwachs überzieht sich mit einem gräulichen Belag, der aber beim Einschmelzen sofort verschwindet. Dieser unbedenkliche „Schimmelfilm" ist der beste Beweis, dass es sich um 100 %-iges Bienenwachs ohne künstliche Beimengungen handelt.

Beimengen und mischen

Paraffin kann leicht mit fettlöslichen Farben eingefärbt werden, zum Beispiel mit speziellen, für das Wachsgießen hergestellten Farbstoffen. Sie erhalten diese im Bastelbedarf und in Farbfachgeschäften. Vorsicht ist vor allem bei dunklen Tönen geboten. Die Pigmente färben sehr stark, sodass bereits eine Messerspitze zu viel Blau oder Grün aus der flüssigen Wachsschmelze schon bald eine schwärzliche Brühe macht. Natürlich lassen sich die Farben auch untereinander mischen. Um eine gleichmäßig brennende, ruhige Flamme zu erhalten können Sie zum Paraffin etwa 10 bis 20 % Stearin, erhältlich als weißes Pulver, beimischen. Älteres Bienenwachs dunkelt manchmal nach. Gibt man etwa 10 % reines Paraffin dazu, hellt es sich auf. Das hat auch den Vorteil, dass die Dochte ruhiger brennen als in reinem Bienenwachs.

Gewusst wo

Während Paraffin und Stearin in Bastel- und Malerbedarfsgeschäften vergleichsweise billig angeboten werden, bekommen Sie Bienenwachs oft erheblich günstiger direkt beim Imker. Sollte es etwas verunreinigt sein, so erwärmen Sie den ganzen Block und gießen ihn in einen zur Hälfte mit Wasser gefüllten Eimer. Das so gereinigte Bienenwachs schwimmt obenauf, der Schmutz sinkt zu Boden.

Weiches Licht und Wärme gegen klirrende Kälte.

Wachsreste sammeln

Keine Kerze brennt vollständig ab. Statt die Wachsreste wegzuwerfen können sie als wertvoller Rohstoff für das nächste Kerzengießen aufgehoben werden. Spricht sich der Bedarf erst einmal herum, sammelt bald die ganze Verwandtschaft mit. Aus den vielfarbigen Resten lassen sich wunderbar bunt gestreifte Kerzen gießen.

Rund um den Docht

Beim Wachskaufen sollten Sie sich auch gleich über die Dochtstärke Gedanken machen. Ist er im Verhältnis zum Kerzendurchmesser zu dünn, kann er das flüssige Wachs nicht aufnehmen und verbrennen. Entweder „säuft" dann der Docht ab, oder das Wachs läuft über und fließt über den ganzen Kerzenständer hinab. Ist er wiederum zu dick, wird die Verbrennung unausgewogen und die Flamme beginnt stark zu rußen. Dochte werden in Spezialgeschäften als Meterware verkauft, wobei es immer ein oberes und ein unteres Ende gibt. Die Dochtspitze muss auch bei der gegossenen Kerze nach oben zeigen. Hier dürfen Sie die Enden auf keinen Fall verwechseln. Als Orientierungshilfe machen Profis am unteren Ende stets einen Knoten. Die Dochtstärken werden in Nummern angegeben. Für ganz kleine Kerzen in Nussschalen reicht ein zarter, dünner 5er-Docht, für Orangenschalenkerzen braucht es schon einen Docht der Stärke 7. Sollten Sie unsicher sein, gießen Sie einfach eine Probekerze, um die Dochtstärke zu testen.

Wachs schmelzen

Kerzenwachs darf niemals direkt auf einer Gasflamme oder auf der Herdplatte geschmolzen werden. Die Gefahr, dass es zu heiß wird und Feuer fängt wäre viel zu groß. Wachs schmilzt man – wie auch Schokolade – im Wasserbad. Dafür reicht ein alter, mit Wasser gefüllter Topf, in den ein kleinerer Topf eingehängt ist. Besser als die Küche eignet sich ein Kellerraum, eine Garage oder ein Hobbyraum zum Wachsschmelzen. Auch wenn Sie noch so vorsichtig arbeiten, kleine Wachsflecken sind kaum zu vermeiden und lassen sich nur sehr mühsam wieder entfernen. Eine kleine mobile Elektroherdplatte ist für das Wasserbad völlig ausreichend. Kerzengießen ist eine langsame, gemächliche Tätigkeit, bei der sich immer wieder kürzere und längere Wartezeiten ergeben. So sollten Sie frisch geschmolzenes Wachs nicht sofort in die Formen einfüllen. Durch das Erhitzen hat es sich sehr ausgedehnt und würde beim Erkalten zu stark schrumpfen. Besser ist es, sich so lang zu gedulden, bis sich beim Schwenken ein Film aus erstarrtem Wachs anlegt. Dann ist es Zeit einzugießen.

Mut zur Mischung

Aus Blau und Grün wird Türkis, aus Rot und Gelb ein schönes Orange . . . schmelzen, färben, vermengen oder einfach herumexperimentieren können zur Leidenschaft werden. Gönnen Sie Ihren Kindern die Freiheit, eigene Texturen und Ideen auszuprobieren, auch wenn Sie selbst die Ergebnisse schon kennen. Mit dem einen oder anderen Wachsfleck muss dabei in der Gießwerkstatt immer gerechnet werden.

Schwimmende Nüsse

Aus großen Walnussschalen kann man wunderschöne brennende Schiffchen herstellen. Damit der Docht (Stärke 5) nicht umfällt, brauchen Sie einen Dochthalter.

Das sind kleine, silberne Plättchen, wie sie in jedem Teelicht stecken. Der Docht wird mit der Spitze nach oben von unten eingefädelt, die Öse des Plättchens mit einer Zange zusammengequetscht und der Docht damit fixiert. Er wird dann in das Nussschälchen gestellt und alles vorsichtig mit Wachs ausgegossen. Werden die Kerzen zu mehreren in einer Wasserschale gesetzt, sind sie auch im Sommer wunderbar als Tischbeleuchtung geeignet.

Docht, Wachsreste und Zitrusfrüchte ist alles was Sie brauchen.

Orangen, Zitronen, Limetten

Zitrusfrüchte verbreiten einen angenehmen Duft, auch als Kerze. Sauber ausgehöhlte Schalenhälften sind ideale Gießformen für Duftkerzen. Mit gelbem, rotem oder orangem Wachs gefüllt, bringen sie außerdem Farbe in die winterliche Wohnung. Im Kerzenschein leuchten die dünnen Schalen wie farbiges Glas. Durch das Wachs im Inneren halten sich die Zitrusschalen erstaunlich lange frisch. Natürlich können auch Teile anderer Pflanzen, wie beispielsweise Kokosschalen, zu Kerzen weiterverarbeitet werden. Einmal mit dem Bazillus des Kerzenmachens infiziert, folgt Schmelzbad auf Schmelzbad.

Für Schwimmkerzen benötigen Sie: Nüsse, Bienenwachs, Docht und Dochthalter.

Was spuckt die Eule aus?

In den Gewöllen sind unverdaute Knochenreste zu finden, die Rückschlüsse auf die Vogelart (hier eine Waldohreule) möglich machen.

Natur zu begreifen, das geht am einfachsten mit den Händen. Ganz nebenbei erfahren Kinder eine Menge über das Leben von versteckten Gartenbewohnern, selbst wenn sie ihnen selbst noch nicht über den Weg gelaufen sind. Greifvögel und Eulen fressen ihre Beute mit Haut und Haar. Oder mit Panzer und Federn, wenn Insekten oder kleinere Vögel auf dem Speiseplan stehen. Weder ziehen sie ihnen das Fell ab, noch spucken sie die Knochen gleich wieder aus.

Gewölle

Dennoch kann nicht alles restlos verdaut werden: Chitinpanzer von Käfern, Knochen, Krallen, Haare und Zähne bleiben unverändert im Magen liegen. Einige Stunden nach der Mahlzeit würgen die Vögel diese Reste wieder hoch und speien sie aus. Am Boden unter Bäumen, unter den Balken eines Dachstuhls, unter Hausvorsprüngen oder unter anderen, beliebten Sitzgelegenheiten und Ruheplätzen häufen sich dann in Natur und Garten diese meist grauen, haarigen Gebilde an. „Speiballen“ ist ein etwas unappetitlicher und altmodischer Name dafür, die Bezeichnung „Gewölle“ macht schon mehr Lust, damit zu experimentieren.

Mahlzeit!

Turmfalken bilden 3 bis 4 cm kleine Gewölle, Waldohreulen

spucken bis zu 8 cm große aus. Nicht nur anhand der Größe und des Aussehens, sondern auch am unverdauten Inhalt lässt sich erkennen, welcher Vogel hier seine Spuren hinterlassen hat. Möwen, Störche, Reiher, Eisvögel oder die bunten Bienenfresser würgen ebenfalls gelegentlich Reste wieder herauf, doch Greifvögel und Eulen tun dies regelmäßig.

Forschung für feine Finger

Mit Nadel und Pinzette bewaffnet geht es nun ans Auseinandernehmen des Gewölles, in unserem Fall von Waldohreulen. Nach und nach kommen dabei winzige Knochen, Schädelhälften und hauchzarte Rippchen zum Vorschein. Nach anfänglichem Zögern macht es den meisten Kindern Spaß, in der grauen Mäusewolle nach Knochen zu suchen. Vorsichtig werden sie auf die Seite gelegt und gesammelt. Anhand der gefundenen Schädel- oder Unterkieferreste lässt sich eindeutig sagen, ob die Eule ein, zwei oder, was selten vorkommt, sogar drei Mäuse in der Nacht zuvor gefressen hat. Spezialisten unterscheiden so auch genau die Art der erbeuteten Nager.

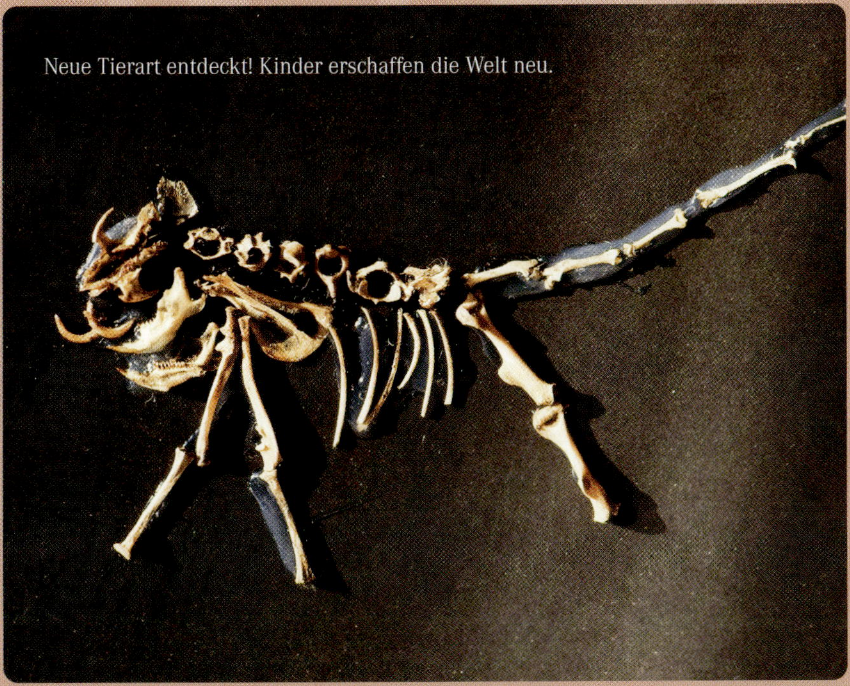
Neue Tierart entdeckt! Kinder erschaffen die Welt neu.

Arbeit für kleine Finger

Auf einem zum makabren Thema passenden, schwarzen Karton heben sich die hellen Knochen und Schädel besonders gut ab. Vor dem Aufkleben müssen sie aber noch von der anhaftenden grauen Mäusewolle gesäubert werden, was mit Pinsel, Pinzette und Abblasen ganz gut gelingt. Fürs Kleben hat sich Bastelleim bewährt, der anfangs weiß ist und dann beim Trocknen ganz transparent und durchsichtig wird: Die Knochen werden einfach in einen Tupfer Kleber gedrückt. Ob die Kinder nun ihren eigenen Namen mit Knochen schreiben oder sie wie ein Forscher streng sortieren und nach Größe und Art ordnen oder ob daraus ein dreiköpfiges, siebenschwänziges Fantasietier wird, ist Geschmackssache.

Bitte nicht ausatmen!

Die teils winzigen Knochen und die vielen grauen Mäusehaare sind federleicht. Einmal geniest, lauthals gelacht oder ein bisschen zu stark ausgeatmet – und schon fliegt alles quer über den Tisch. Viel Ärger ersparen da Gefäße wie zum Beispiel große Blumentopfuntersetzer, in denen die Kinder ihre Gewölle untersuchen.

Register

Impressum

Bildquellen
Umschlag und Inhalt: Alice Thinschmidt & Daniel Böswirth (www.gartenfoto.at)

E-Mail: buch@avbuch.at, Internet: www.avbuch.at

Die Deutsche Bibliothek – CIP-Einheitsaufnahme
Die Deutsche Bibliothek verzeichnet diese Publikation in der Deutschen Nationalbibliografie; detaillierte bibliografische Daten sind im Internet über http://dnb.ddb.de abrufbar.

Projektleitung: Alex Mlakar, avBUCH
Redaktion: Redaktionsbüro Wolfgang Funke, Augsburg
Illlustration: Katharina Rücker-Weininger
Umschlag: Ravenstein + Partner, Verden
Satz: Ravenstein + Partner, Verden
Bildreproduktion: Hantsch & Jesch PrePress Services OEG, Leopoldsdorf bei Wien
Druck und Bindung: Westermann Druck, Zwickau

Printed in Germany

ISBN 978-3-7040-2321-6